中国科普创作大奖得主松鹰倾情奉献



科学巨人的故事

KEXUE JUREN DE GUSHI SIDIFENSUN FUERDUN

# 斯蒂芬孙 富尔顿

■ 松 鹰 著

希望出版社

**图书在版编目（CIP）数据**

斯蒂芬孙　富尔顿 / 松鹰著. -- 太原：希望出版社，2015.8
（科学巨人的故事）
ISBN 978-7-5379-7365-6

Ⅰ. ①斯… Ⅱ. ①松… Ⅲ. ①斯蒂芬孙（1781~1848）-生平事迹-青少年读物 ②富尔顿（1765~1815）-生平事迹-青少年读物 Ⅳ. ①K835.616.16-49 ②K837.126.16-49

中国版本图书馆 CIP 数据核字（2015）第 176160 号

科学巨人的故事
**斯蒂芬孙　富尔顿**
松　鹰　著

---

**责任编辑**　谢琛香
**美术编辑**　柏学玲
**复　　审**　武志娟
**终　　审**　杨建云
**装帧设计**　柏学玲　贾支荣
**责任印制**　刘一新　尹时春

---

**出　　版**：希望出版社
**地　　址**：山西省太原市建设南路 21 号
**开　　本**：787mm × 1092mm　1/16
**印　　刷**：山西人民印刷有限责任公司
**印　　张**：9.5　190 千字
**版　　次**：2015 年 9 月第 1 版
**印　　数**：1-3000 册
**印　　次**：2015 年 9 月第 1 次印刷
**标准书号**：ISBN 978-7-5379-7365-6
**定　　价**：25.00 元

---

编辑热线　0351-4922240
发行热线　0351-4123120　4156603

印刷热线　0358-7641044

KEXUE JUREN DE GUSHI

# SIDIFENSUN

**斯蒂芬孙**是英国著名的工程师、发明家，他8岁当放牛娃，12岁做童工，从未接受过正规教育，直到18岁还是个文盲。但他靠刻苦自学，勤于钻研，成为一名优秀的工程师。在时代风云的变幻中，斯蒂芬孙以勇于创新的精神、不屈不挠的毅力，开创了近代蒸汽机车和铁路的先河。1814年，斯蒂芬孙发明了蒸汽机车；1825年9月27日，由斯蒂芬孙设计修建的世界上第一条公共铁路通车。斯蒂芬孙的伟大贡献，在于创建了世界铁路史上若干个里程碑，他因此被尊称为“铁路之父”。

KEXUE JUREN DE GUSHI

# FUERDUN

**富尔顿**是美国著名的工程师、发明家，他出生在一个贫苦的农民家庭，17 岁就自谋生活，凭着勤奋好学，成为一名肖像画家。20 岁时受富兰克林推荐赴伦敦学画，后在大发明家瓦特的感召下，弃画从工，成为一名机械工程师。为了实现发明蒸汽轮船的梦想，富尔顿历尽坎坷和曲折，经过 20 年坚持不懈的努力，终于设计建造了世界上第一艘实用的蒸汽机轮船“克莱蒙特号”。1807 年 8 月 17 日，这艘船在哈得孙河上进行了历史性的试航，从而揭开了世界航运史上轮船时代的序幕。富尔顿因此被誉为“轮船之父”。

在那么短的时间里，铁路从无到有，并且扩展到了全世界。所有这一切，或者说这一切的大部分，都要归功于乔治·斯蒂芬孙。

——英国作家亨特·戴维斯

铁路已成为人类在一切方面进步的一个最强大的因素。斯蒂芬孙对人类的功勋，应当被看作是诸如与蒸汽机或印刷术发明者的伟大功勋并驾齐驱的。

——俄国作家阿勃拉莫夫

富尔顿的一生乃是最典型的发明家的一生，是把自己的全部精力、全部智慧奉献给他所热爱的理想的一生。

——俄国作家阿勃拉莫夫

谁都知道，现在轮船有了多么大的发展，轮船在各国人民生活中有多么重要。可与富尔顿的功绩相提并论的，只有蒸汽机车、电报和印刷术这些人际交往的伟大工具发明家的功绩。

——俄国作家阿勃拉莫夫

# 前　言

KEXUEJUREN DE GUSHI

## 世界因他们而精彩

这套《科学巨人的故事》（第二辑）总共10本，撰写了14位科学巨人的传记故事。他们是居里夫人、诺贝尔、瓦特、斯蒂芬孙、富尔顿、福特、莱特兄弟、麦克斯韦、马可尼、莫尔斯、贝尔、贝尔德和爱迪生。

居里夫人，这位伟大女性发现的镭为癌症患者带来了福音，拯救了无数人的生命。她以自己的勤奋和天赋，在物理学、化学两个领域作出了杰出贡献，成为第一个获得两次诺贝尔奖的人。诺贝尔，这位瑞典化学家、诺贝尔奖的创立者，他一生钟情炸药，却厌恶战争，憧憬和平。他创立的诺贝尔奖，成为全世界科学精英们追求的梦想。

瓦特，这个英国工匠的儿子，他发明的蒸汽机带动了工业革命，使人类的生活和世界文明完全改观。“它（蒸汽机）武装了人类，使人虚弱无力的双手变得力大无穷。”在瓦特蒸汽机的带动下，矿工出身的斯蒂芬孙发明了火车，开辟了全球铁路运输事业；自学成才的工程师富尔顿，造出了世界上第一艘蒸汽机轮船，为世界航海事业作出重大贡献。福特，这个农民出身的汽车大王，他的T型汽车创造了一个时代的奇迹，正是他“为世界装上了轮子”，使汽车从奢侈品变成大众化的交通工具。莱特兄弟，这两个想征服蓝天的美国大男孩，历尽挫折，亲密合作，最终实现了人类飞行的梦想。

因为他们，人类可以乘着火车、汽车、轮船和飞机，在陆地上奔驰，在海洋里畅游，在天空中翱翔。人们的生活变得便捷了。

麦克斯韦，这位可与牛顿、爱因斯坦齐名的英国物理学大师，他创立的电磁理论，天才地预见了电磁波，为后来无线电的诞生和发展开辟了道路，被誉为“电波之父”。我们今天生活在电波世界中，电视、广播、无线电通信、导航、遥控、遥测、雷达等现代新技术，都受惠于他的贡献。意大利青年马可尼，后来居上，成功地实现了用电波传递信息，成为举世闻名的无线电发明家。

莫尔斯，这位美国画家41岁时因受科普演讲的鼓舞，半路改行研究电报，后来竟创造奇迹，获得成功。他的发明，揭开了人类通信史上崭新的一页。有意思的是，追寻着他的足迹，苏格兰青年贝尔发明了电话，使人类“顺风耳”的梦想成真；另一个苏格兰青年贝尔德，发明了电视，让“千里眼”也变成现实。和贝尔同岁的爱迪生，这位家喻户晓的发明大王，他的留声机、电灯、蓄电池、电影放映机等上千项发明，为我们留下了宝贵的财富，也正是他的发明，让光明常驻人间。

这14位科学巨人的成才道路和创业经历，坎坷曲折，多姿多彩。他们的高尚品格和精神风貌，能给人许多启迪。如贝尔发明的电话改变了世界，但他却从不以电话发明家自居，一生致力聋哑儿童的教育。莫尔斯、马可尼、贝尔德都是业余电子爱好者，但是他们敢想敢干，善于吸取前人的经验，最后脱颖而出，摘取了发明的桂冠。爱迪生一生从未停止过发明。他的座右铭是：“我探求人类需要什么，然后我就迈步向前，努力去把它发明出来。”居里夫人热爱祖国，一生淡泊名利，倾其毕生精力从事放射性研究，并为此献出了宝贵的生命……

我们重温他们的故事，倍感亲切，深受鼓舞。他们那种为人类造福的理想，那种敢于创新的精神，那种不怕失败、百折不挠的毅力，将永远激励后人。

可以想象，如果没有他们发明的火车、轮船、汽车、飞机和电灯、电报、电话、无线电、电视，世界将不再精彩。

让我们向这些科学巨人们致敬！

松鹰

2014年2月18日于成都兀岭书房

# 目录

KEXUE JUREN DE GUSHI

## 斯蒂芬孙

# MULU

■ KEXUE JUREN DE GUSHI

## 富尔顿

在人类的交通史上，火车的发明是一项惊天动地的创举。

在早期的蒸汽机车刚出现时，人们把这个从没见过的庞然大物当作“怪物”，惊呼“魔鬼来了”！那时，马车是陆地上的主要交通工具。因此，当第一条铁路修建时，股东们最初的设想只是在上面跑马拉的货车。正是一个矿工出身的工程师，使这一切发生了改变，他就是乔治·斯蒂芬孙。

斯蒂芬孙是一位从最底层成长起来的发明家。他以勇于创新的精神、不屈不挠的毅力，开创了近代蒸汽机车和铁路的先河。1814 年，斯蒂芬孙发明了蒸汽机车；1825 年 9 月 27 日，由斯蒂芬孙设计修建的世界上第一条公共铁路通车。火车的发明，开辟了全球的铁路运输事业。斯蒂芬孙制造的机车奔驰在英国、法国、美国、德国、比利时、意大利等国的铁路线上。他修建的铁路创建了世界铁路史上若干个里程碑。

火车和铁路大大缩短了地球上的距离，加快了时代前进的步伐，使人类的生活和世界文明完全改观。斯蒂芬孙因此被尊称为“铁路之父”。

斯蒂芬孙奋斗的一生，为我们树立了自学成功的榜样。

KEXUE JUREN DE GUSHI

# 煤矿工人的儿子

# 矿工之家

kuanggongzhijia

1781年6月19日，乔治·斯蒂芬孙出生在英国纽卡斯尔市郊威拉姆村的一个煤矿工人家庭。

纽卡斯尔是英格兰东北部的港口城市，位于泰恩河下游北岸，东距北海13千米。纽卡斯尔的英文Newcastle，意译是“新城堡”的意思，因1080年英王“征服者威廉”的长子罗伯特在此营建新城堡而得名。纽卡斯尔是英国著名的产煤区，从16世纪以后即成为英国主要的煤港。煤炭行业（还有羊毛行业）给这座古老的小城带来了巨大的财富。英文中有句俚语“运煤去纽卡斯尔”，比喻办事的方法和目的南辕北辙，由此可以看出，煤炭在纽卡斯尔的发展史上所占的分量。

18世纪末期，英国工业革命兴起，煤炭需求量很大，迫切需要提高采煤的技术手段。从前，矿井里都是采用英国工程师纽科门发明的蒸汽机，用来驱动独立的提水泵，抽干矿井里的水，使矿工们可以在矿井深层采煤。这种老式蒸汽机又称“纽科门泵”，由于它的热效率很低，燃煤消耗量大，在煤价低廉的产煤

用于煤矿的纽科门蒸汽机

区使用很广泛。瓦特对纽科门泵进行了一系列重大改进，1769 年获得改进蒸汽机发明的专利，并在 1774 年与实业家博尔顿合伙，将瓦特蒸汽机投入生产。

斯蒂芬孙出生的时候，瓦特的蒸汽机已在英格兰西南端的康沃尔矿区占领了市场，使用非常广泛，纽科门泵被淘汰得所剩无几。康沃尔是英国另一个重要的矿业中心，开采的主要是锡和铜，瓦特蒸汽机能节省大量煤燃料，所以在那里很受欢迎。但在纽卡斯尔，由于煤炭很便宜，老式的纽科门泵仍在继续使用。

斯蒂芬孙的父亲罗伯特·斯蒂芬孙，是一名老式蒸汽抽水机的司炉。所谓司炉，就是给炉子里铲煤添火的人，工作很辛苦。管理抽水泵的操作员才是头儿。罗伯特·斯蒂芬孙的工资是每周 12 个先令(旧制 1 英镑等于 20 先令)。

斯蒂芬孙家族，据说是从苏格兰越境来到纽卡斯尔的。斯蒂芬孙的祖父也是名矿工，长得魁梧高大，性格粗犷。小斯蒂芬孙出生时，祖父已经去世。

罗伯特·斯蒂芬孙是个老实本分的工人，没有文化，为人厚道，心地善良，矿工们都亲昵地叫他“老波勃”。煤矿工人的生活是很艰苦的。他们在黑暗的地底下挖掘、搬运煤炭，不仅劳动量大，而且还会遇到瓦斯爆炸，时常有生命危险。对这些出苦力的汉子来说，唯一的慰藉就是每两周一次发放工资的夜晚，他们在酒馆里举杯狂欢，大吃大喝。罗伯特是抽水机的司炉，虽然不下矿井，但劳动强度并不轻。铲煤添火是个力气活，罗伯特是个细高个，长腿，身体不算魁梧，每天干得都很辛苦。他吃苦耐劳，生活节俭，从来不酗酒，在矿上是个好司炉，在家里是个好丈夫，也是个好父亲。他乐观诙谐，喜欢讲故事，孩子们都很喜欢他。

斯蒂芬孙的母亲名叫梅布尔，是个家庭妇女。她是纽卡斯尔一个染匠的女儿，体态娇小，性格温柔，眼里总是含着微笑。梅布尔和丈夫罗伯特一样，都不识字。据说他俩结婚时只在登记表上画了两个“十”字，表示各自的签名。那个年代，英国还很落后，来自农村的矿工大多是文盲，这种现象很普遍。

斯蒂芬孙诞生的屋子(威拉姆村)

乔治·斯蒂芬孙生下来时足有 8 磅（1 磅约 450 克)重。罗伯特夫妇很疼爱他。

“是个胖小子啊！”罗伯特捏着他的胳膊说。

“比你这个当爹的胖多了。”

“将来一定像他爷爷，长得又高又壮。”

乔治·斯蒂芬孙是罗伯特夫妇的第二个孩子，老大也是个儿子。后来他们又生了两个儿子和两个女儿。罗伯特的话后来果然应验了，斯蒂芬孙长大后身材高大魁伟，颇有男子气概。

威拉姆村位于泰恩河畔，离纽卡斯尔市有 13 千米。由于常年采矿，这里的环境遭到严重破坏，到处堆放着废弃的工业矿渣，满目疮痍。罗伯特一家住在一间简陋的小屋里，这是煤炭公司为工人提供的简易住房，离村子还有一段路程。房间的地面是泥土地，墙壁脱落，屋顶透风，仅有的一扇小窗户几乎看不见亮光。

斯蒂芬孙就出生在这个破旧的小房子里。他的父母亲没有想到，这个胖小子将来会成为举世闻名的蒸汽机车发明家，被人们尊称为“铁路之父”。但斯蒂芬孙诞生在一个蒸汽抽水机的司炉家里，冥冥之中也算是一种天意。这使他从小就有机会与蒸汽机打交道，见识了蒸汽机的威力，并由此激发出许多美妙的梦想，最后梦想成真。

斯蒂芬孙刚会走路时，长得圆头圆脑的，又黑又胖，见人就咧嘴笑，同龄的孩子们叫他“胖仔”，都喜欢和他玩。到四五岁时，邻居家的孩子经常三五结伴来家里找斯蒂芬孙做游戏。斯蒂芬孙的母亲用粗茶淡饭款待他们。晚上，大家挤在小屋里，听斯蒂芬孙的父亲讲鲁滨孙的故事。《鲁滨孙漂流记》是英国作家丹尼尔·笛福的一部小说，讲述的是主人公鲁滨孙因出海遇险，漂流到无人小岛，历尽艰险，在岛上生存了20多年，最后幸运地重返故乡的故事。这本书非常有名。罗伯特不识字，并没有读过这本书，书中的传奇故事罗伯特都是听来的。那些探险的传奇故事，让孩子们听得津津有味。

“爸爸，一个人真的能在荒岛上活下来吗？”斯蒂芬孙睁大眼睛问。

“只要勇敢、坚强、自力更生，就能够活下来。”罗伯特回答。

“鲁滨孙为什么给那个野人取名‘星期五’呀？”和斯蒂芬孙同龄的邻居家孩子托姆问。

“因为他是在星期五救了那个野人的。”

“哦，真有趣。”斯蒂芬孙说。

罗伯特告诉孩子们，鲁滨孙在荒无人烟的孤岛上生活了28年。在一次次坎坷曲折的磨难中，鲁滨孙从来没有退缩过，他的乐观、自信、善良和坚韧不拔的性格得到了一步步升华。鲁滨孙的传奇故事显示了一个硬汉子的坚毅性格与英雄本色。

“爸爸，我将来也要当鲁滨孙。”斯蒂芬孙说。

“那谁来当‘星期五’呀？”父亲笑道。

“我！”托姆举手响应。大家都快活得笑了。

由于全家人都靠父亲一人挣钱养活，生活非常贫苦。斯蒂芬孙稍大一点的时候，就担负起照看弟弟妹妹的责任。当时矿上运煤都是用笨重的木轨马车，用马拉着装煤的车厢在木轨道上行驶，一路吆喝着奔向港口。孩子们都喜欢挤在路边看热闹，斯蒂芬孙要特别注意不让弟弟妹妹靠近轨道，以免出意外。

车厢、轨道、煤炭——这道独特的风景线，从小就占据了斯蒂芬孙的脑海，给他留下了难以磨灭的印记。

## 牧童的小模型

*mutongdexiaomoxing*

为了分担家里的生活重担，斯蒂芬孙 8 岁时就开始挣钱。他的第一份差事是当牧童。威拉姆村旁边有一个庄园，女主人是个老寡妇，想找一个小孩看管母牛。罗伯特听到消息后，带着斯蒂芬孙去应聘。

“这是你的孩子呀？”女主人问罗伯特。

“是的，我家老二。”罗伯特扭头瞥了一眼儿子。斯蒂芬孙挺着小胸脯，满脸通红，一副雄赳赳的模样。

“你叫什么名字？”女主人和蔼地问。

“乔治·斯蒂芬孙。”斯蒂芬孙大声回答。

“几岁啦？”

“8 岁。”

“嗯，很好。”女主人对他很满意。

于是，从第二天起斯蒂芬孙就成了放牛娃。他的职责是把母牛牵到田野，任其在地里吃草。特别要留意的是，不能让牛走到木轨道上去，以免撞上运煤的马车。这和斯蒂芬孙看管弟弟妹妹的任务很像，他早就有经验，干得驾轻就熟。这也说明当时运煤的木轨道在煤矿区里四通八达，一定程度上影响了人畜安全。马拉的运煤车沿着这些木轨道，从矿井奔向码头，再在码头把煤搬上运煤的驳船,在泰恩河上顺流而下,然后装上海轮运往伦敦。这时伦敦已有上百万人口,每天煤炭的需求量很大。

斯蒂芬孙对牧童的工作很满意，家里也很满意。他不仅在庄园吃饭不付钱,可以给家里节省一笔开支,还能凭自己的劳动,每天得到2便士的报酬。按当时的币制,12便士等于1先令,虽然不多,积攒起来也可以补贴家用。

斯蒂芬孙整天与牛为伴,在田野里徜徉。牧童的活儿不累,有许多时光可以自由支配。母牛在草地上安详地吃草,斯蒂芬孙乐得自在。他从小就有一个爱好,特别喜欢做手工。小家伙心灵手巧,能用泥巴捏成各种各样的小玩意儿,从来没有人教过他,这也许是一种天赋。有一次罗伯特下班回家时,看见桌子上摆满了小动物,全是用泥巴捏成的:小马、小狗、小猫、山羊、刺猬,还有展翅在飞的鸟,简直像一个泥塑动物园。

“乔治,这是你做的吗?”父亲惊奇地问。

“是的,爸爸。”小家伙一脸的痴迷。

“挺热闹的嘛!”

“它们在开动物演唱会。”小家伙解释。

父亲指着一个大尾巴问:“这个是什么呀?”

“孔雀。”

“嗯,我看像只大尾巴公鸡。”父亲逗趣道。

“孔雀就是大尾巴嘛!”儿子辩解说。

罗伯特呵呵地笑起来。

如今,牧童斯蒂芬孙闲坐在田埂上,望着天边耸立的矿井烟囱和支架沉思冥想。不时从远处轰隆而过的载煤马车,也引起了他的浓厚兴趣。身处这种特殊的环境,耳濡目染,斯蒂芬孙小小年纪就想搞点发明创造。他的心思不知不觉转向了另一个奇特的天地,这就是制作机器。

斯蒂芬孙就地取材，小溪里有水，地里有的是土，他像揉面一样把水和土揉成一团，再捏成自己想象的模型，然后在阳光下晒干，作品就大功告成了。他制作了一辆运煤马车的模型，看上去虽然有些笨拙，但车厢有模有样的，小伙伴们见了都很羡慕。斯蒂芬孙受到鼓舞，又用木条做成轨道，再给车厢装上活动的轮子，然后用这辆小马车在轨道上拖运各种东西。伙伴们跟在车后，一边跑一边兴高采烈地吆喝，快活极了。斯蒂芬孙还用芦苇做了一个磨坊轮子的模型，放在小溪里做实验。看见水流带动轮子旋转起来，大伙儿不禁欢呼起来。

“斯蒂芬孙，你真的很神哩！”托姆直夸他。

“这点小意思！”斯蒂芬孙很自豪。

“你能教教我吗？”托姆求他。

“没问题。”斯蒂芬孙拍着小胸脯，“你可以给我当助手。”

斯蒂芬孙说到做到。没有多久，他带着托姆用泥土、芦苇、软木等材料做起蒸汽机模型来。这可是个大胆的尝试。他俩还是孩子呀，对蒸汽机原理可以说一窍不通。不过，斯蒂芬孙天天都能看到蒸汽机在运转，对这个大力士情有独钟，决心仿造一台。他和托姆反复试了好多次，失败了又重来，最后终于获得了成功。这一天，斯蒂芬孙展示了他们的模型，全村的人都跑来观看。

这是一台小巧玲珑的矿用提升机模型。斯蒂芬孙把软木挖成装矿石的箱子，用一条结实的绳子代替钢索，用一块块碎砖砌成炉灶，炉灶上的汽锅是一个旧水壶做成的，还有一些连接的细管子。令人奇怪的是，当斯蒂芬孙点燃炉灶里的柴火，汽锅里的水沸腾起来后，这个机器模型竟然开始运动：汽锅供给蒸汽，蒸汽带动机械，装着矿石的软木箱随之升降起来。

“天啦！”人群里发出一阵惊叹声。

人们简直不敢相信这个模型竟是一个 8 岁孩童制作的！这件事充分表现了斯蒂芬孙对机械的非凡才能。

斯蒂芬孙只当了两年牧童，惬意的时光就过去了。10岁时，女庄园主见斯蒂芬孙长高了一点，于是安排他去干庄稼活。斯蒂芬孙要赶着马运送干草和粮食，还要到地里锄草。看来，那个老寡妇完全把他当劳力使唤了。斯蒂芬孙每天干完活，累得筋疲力尽，回到家一上床就睡着了。第二天一大早爬起来，又得匆匆地赶到庄园干活。不过累归累，斯蒂芬孙对新岗位还是满意的，因为他每天可以多挣2个便士，3天就可以挣1个先令，可以增添家里的收入。按当时的市价，2先令就能买到1磅小麦。

斯蒂芬孙是个孝顺的孩子，看见父母每天为一家人的生活操劳，他小小年纪就懂得要为家里分担困难。能多挣点钱补贴家用，哪怕再累再苦，他也情愿。小家伙最开心的时刻，就是每次把工钱交给母亲的时候。母亲接过带着体温的一枚枚硬币，总要夸他一句："谢谢你，乔治！"对斯蒂芬孙来说，母亲的夸奖就是最高的奖赏。

## 少年司炉

*shaoniansilu*

大约在斯蒂芬孙12岁的时候，哥哥詹姆斯在威拉姆煤矿找到一个活计，负责筛选煤炭，即清除煤炭里的杂质和石块。这叫挑拣工，每天的工钱是6便士，也就是半个先令。其实这不算正式工种，只是个打杂的活儿，干活的大多是童工。斯蒂芬孙很羡慕哥哥有这个机会，也嚷着要到煤矿干活。也许因为他家祖祖辈辈都是煤矿工人，斯蒂芬孙对煤矿有一种特殊的向往和感情。

没有多久，父亲告诉斯蒂芬孙，已和矿上说好，他也可以去干挑拣工的活儿，工钱和詹姆斯一样。斯蒂芬孙非常高兴，他从此告别了赶马、锄地的农活，成为煤矿工人大军编外的一员。尽管是个微不足道的挑拣工，但他很看重。斯蒂芬孙和詹姆斯在一个矿区干活，两兄弟团结互助，亲密无间。每天干完活回家，兄弟俩都是满脸蒙着炭灰，黑黢黢的，只有两只眼睛闪着亮光，就像刚从地狱里爬出来的两个精灵。不过，斯蒂芬孙很快活，劳动可以挣钱养家，还可以改造世界。前半句是他的切身体会，后半句是他听大人说的。

用马拉的老式矿用升降机

后来，斯蒂芬孙被派去看管一台用马拉的老式升降机，他的任务是负责赶马。这时候马拉的升降机还在使用，说明威拉姆矿区的矿主很保守，瓦特的新式蒸汽机还没有完全征服这些个“老古董”。赶马的活儿比挑拣工轻松，但要懂得马的脾性，还要掌握驾驭马的本领。斯蒂芬孙在农庄里经常赶马运送干草和粮食，这对他来说并不是难事。

两年的时光很快就过去了。

斯蒂芬孙14岁那年，在矿上当上了正式工人。他的工作是给父亲做助手，美其名曰“助理司炉”，每天挣1先令，这可是一笔不小的收入。当时童工是不能当正式工的，父亲给斯蒂芬孙报的年龄是17岁。斯蒂芬孙虽然长得很壮实，但个子并不高。父亲担心被别人看出儿子年龄太小，不让他干这个工作，于是，每当矿主或上司来煤矿视察时，父亲就让斯蒂芬孙躲起来，以免被解雇。

斯蒂芬孙这个助理司炉，就在这种躲猫猫的日子中成长起来。能够像成年人一样干活挣钱,斯蒂芬孙心里充满了一个煤矿工的骄傲。他给司炉爸爸当助手,自然干得很卖力,也很愉快。司炉的工作很单调,是个力气活儿,说白了就是往老式蒸汽机这个“煤老虎”嘴里不停地喂煤。干了一阵子,斯蒂芬孙的臂力长了不少,他经常挽起袖子,向詹姆斯显示胳膊上的肱二头肌。

“哥,你瞧,有点像大力士了吧!”

詹姆斯总是不服气地说:“黄瓜还没有起蒂,差得远哩!”

当大力士是少年斯蒂芬孙的一个梦想,但这并不难实现。在煤矿上讨生活的工人,几乎个个都是大力士。他们凭力气挣钱,这种钱是卖命得来的。矿工们行走在生死线上,每天和死神擦肩而过。他们唯一拥有和能够支配的,就是自己的力气和血肉之躯。

除了当大力士,少年斯蒂芬孙还有一个梦想,就是一心想当机器操作工。所谓操作工,就是操作矿用提升蒸汽机的司机,是管理整台机器的负责人。司炉和助理司炉,都得听从操作工的安排。有一天,他向父亲透露了自己的野心。

“爸,我想当一名操作工。”斯蒂芬孙一脸的庄严。

“你做什么梦啊!这话可别对别人讲。”罗伯特左右张望了一下,叮嘱他道,“当好你的助理司炉吧。”

罗伯特觉得儿子异想天开。他自己干了大半辈子才是个司炉,操作工不是想当就能当得上的!

“我不会当一辈子助理司炉的。”斯蒂芬孙嘴里嘀咕道。

小伙子是个有心人。为了让自己的梦想变成现实,他开始留意蒸汽机的构造和运转,细心观察机器的每一个部件和每一次运动。斯蒂芬孙 8 岁做模型时就对蒸汽机很好奇,如今更是下功夫学习,他把全部闲暇时间都花在蒸汽机上。一下班,他就把部分机器拆开,然后再把零件一个个组装起来。渐渐地,斯蒂芬孙掌握了矿用提升蒸汽机的结构和性能,甚至能判断出机器出现停机故障的原因是什么。这时候，他的本事实际上已经超过了爸爸。如果运气好，说不定能当上助理操作工。

不过，就在这时威拉姆矿缩小了规模，许多矿工都失业了。他们父子俩做司炉的那口矿井也关闭了。斯蒂芬孙全家搬迁到附近的新伯恩。罗伯特在那里找到一份新工作，还是司炉。两个儿子詹姆斯·斯蒂芬孙和乔治·斯蒂芬孙给他当助手，另一个小儿子也安排在矿上做工。一家人都成了矿工。虽然干活的人增多了，家里的收入并没有增加。因为矿主有意压低了工钱，反正失业人口很多，有的是廉价劳动力。斯蒂芬孙全家人挤在一间破旧的小屋里，母亲和妹妹在家料理家务，日子过得很艰难。

这时斯蒂芬孙才15岁。他不甘心家境的贫困，对父亲这么老了还得干重活于心不忍。他希望自己能够得到提升的愿望更强烈了，他想凭借自己的努力让父亲安度晚年，使全家摆脱贫穷。

不久，新伯恩煤矿的主管工程师发现了斯蒂芬孙的才干，派他到一个新开采的矿区当司炉，斯蒂芬孙在这个岗位上勤勤恳恳地干了两年。在他17岁的时候，终于如愿以偿，被提拔为矿用蒸汽机的操作工。他的职责是管理整台机器，保障机器能正常运转，责任重大。当矿井里的水位降低或抽不上水时，他还得下到矿井底下去调整水管的位置或者把水管接长一些，以便重新开始抽水。这种经历使他对矿工井下工作的危险境况有了深刻的体验。如果机器临时发生故障，斯蒂芬孙还得立即向主管工程师报告，让工程师来进行检修。由于斯蒂芬孙对机器的性能非常熟悉，一般的机器故障他自己都能够排除，很少请工程师帮忙。

父亲罗伯特恰好在斯蒂芬孙管理的这台蒸汽机做司炉，所以斯蒂芬孙成了爸爸的上司，不过他挺照顾爸爸的。给儿子当手下，罗伯特也很开心。《斯蒂芬孙传》的作者亨特·戴维斯说："斯蒂芬孙在17岁的时候，已经超过了他父亲一生所取得的成就。”的确如此。

不过,斯蒂芬孙只是把操作工当作一个新的起点,他对未来充满了憧憬,希望做更大的事,当个技艺高超的机械师。

## 快乐的“修鞋匠”

*kuailedexiuxiejiang*

直到 18 岁,斯蒂芬孙还完全是个文盲。他每周大约能挣 1 个英镑——这是矿上没受过教育的工人的最高收入了。可是斯蒂芬孙很清楚,除非自己有文化,能读会写,否则永远不可能有进一步的发展,甚至连一个熟练的机械技师都当不上。矿上的监工是个年轻的煤矿工程师,名叫尼古拉斯·伍德,他对斯蒂芬孙的印象很好。尼古拉斯·伍德家境富裕,受过高等教育,毕业后在几个矿区实习过,他学识渊博,经验丰富,年纪很轻就担任了煤矿工程师。斯蒂芬孙很敬佩他。

有一天,斯蒂芬孙拿着一张草图向伍德请教。

“伍德先生,您能帮我看看画得对不对?”

伍德接过草图瞄了一眼,这是一张蒸汽机的结构图,图上的线条笨拙幼稚,但画得很认真,看上去就像一个小学生的习作。图里画着锅炉、汽缸、连接杆和支架以及好些大小不同的部件,还用箭头标明了它们的连接位置。

“这都是你画的?”伍德饶有兴趣地问。

“是的,先生。”

“画得不错。”伍德称赞了一句,又问道,“你怎么知道那些部件要这样连接呢?”

“这台机器的部件，我全都拆下来过。”斯蒂芬孙实话实说，“然后再把它们一件件组装起来。”

“怪不得画得有模有样的。”伍德笑道，“嘿嘿，你挺牛的嘛！”

“我只是想掌握机器的结构。”斯蒂芬孙解释道。

“难道你不怕机器拆散了，装不起来吗？”

“您说的这种情况还没有出现过。”斯蒂芬孙恭敬地回答。他本想说“机器的所有故障都难不倒我”，但话到嘴边却忍住了。

“朋友，你的这种钻研精神很难得。”伍德拍拍斯蒂芬孙的肩膀对他说，“但是要掌握机器的结构，除了把机器开膛破肚地拆开来，应该还有更好的办法。”

斯蒂芬孙屏声静气地听着。

伍德打了个手势：“你知道吗？蒸汽机的构造、安装、运行，还有性能改进、故障排除……所有这一切，在书上都有详细记载。”

“哦！”斯蒂芬孙的心头为之一震。

“书籍是开启知识之门的钥匙。”伍德继续说，“大文豪莎士比亚讲过，智慧里如果没有书籍，就好像鸟儿没有翅膀。”

“谢谢您的指点，我明白了！”

青年工程师的一席话，使斯蒂芬孙开了窍。

斯蒂芬孙开始发奋学习。他到矿区附近的一所夜校上课，从学认字母起步，虽然他是班上年龄最大的学生，但他一点儿也不感到自卑。他还花钱找人辅导，每周花3个便士，向一个技师学习三个晚上文化课。平时工作一有空闲，他就在石板上练习写字。为了交学费，又不影响补贴家用，他必须多挣点钱，于是斯蒂芬孙利用空闲时间，帮别人修补皮鞋、修理钟表。他补皮鞋的技术精湛，无论皮鞋是开线缝合、修复划痕，还是换鞋跟，他都手到擒来，修旧如新。他的口头禅是：“修复遗憾，重现完美。”小伙子在膝盖上搭一块麻布，一边动作麻利地修鞋，一边哼着家乡小调，非常快乐。“快乐的修鞋匠”的名号便传了出去。许多人慕名来找斯蒂芬孙修鞋，经常要排队等候，他因此赚了不少外快。

19 岁的时候，斯蒂芬孙已经能写出自己的名字了，他为此感到自豪。经过不懈努力，他掌握了读书和写字的一些基本要领，并学会了算数的基本知识。在当时，对于一个穷孩子出身的矿工来说，这是很不容易的。初步掌握文化以后，斯蒂芬孙借来一些有关蒸汽机的图书资料，如饥似渴地阅读，受益匪浅。以前他对蒸汽机的了解，只限于直观的接触。从书籍中，他不仅了解到蒸汽机从萨弗里的“矿工之友”发展到纽科门泵，再到瓦特改进型的新式蒸汽机，每一步发展都是一个创新，还明白了蒸汽机的原理和许多以前陌生的知识。尤其是瓦特的发明，令他大开眼界。

“蒸汽机里面有这么多奥秘啊，瓦特真了不起！”

斯蒂芬孙不断进步，19 岁时又被提拔，在黑卡勒顿矿区当上了矿井绞盘机的制动手。这项工作比看管蒸汽机的操作工更重要，难度也大得多。开绞盘机的技术关键，是必须在准确的时间刹住车，以控制装煤的吊斗在竖井升降的位置，这需要技高胆大，也需要经验。斯蒂芬孙不仅学会了操控绞盘机，还经常被人请去处理绞盘机的故障。正因为这样，他才被破格提拔到这个岗位上，新岗位的工资比操作工高，因此招来一些工人的妒忌。有一次矿主来视察时，他们故意搞鬼，让吊斗走走停停，最后突然不动了。

矿主责问道：“为什么绞盘机会无故地停下来？”

一个工人说怪话：“谁让矿上派了个什么也不懂的孩子来操作绞盘机呢！”

斯蒂芬孙这时站出来对矿主说：“绞盘机不是无故停下来的，有人刚才故意把铰链卡住了。”

“你确定吗？”矿主半信半疑。

四周围观的人表情怪诞，气氛一下子紧张起来。

“我确定。”斯蒂芬孙回答。

矿主示意工头把铰链旁的人赶开，以排除干扰。斯蒂芬孙重新操作，结果吊斗的升降又恢复正常了。

“嗯，果然不假。”矿主满意地点点头，对斯蒂芬孙颇为赞许。

斯蒂芬孙瞥了一眼躲在后面的一个大块头，那人名叫内德·纳洛逊，目光里怀着明显的敌意。斯蒂芬孙知道刚才就是这家伙捣的鬼，斯蒂芬孙没有揭穿，只朝他冷笑了一下。

内德·纳洛逊的诡计没有得逞，很不甘心，随时都想找斯蒂芬孙的岔。这家伙是矿上有名的大力士，彪悍粗鲁，工人们都避免与他冲突。斯蒂芬孙尽量采取低姿态，不理睬他的挑衅。内德·纳洛逊以为斯蒂芬孙软弱，过了两天，便向斯蒂芬孙公开宣战：“小子，试试看，定个时间、地点，咱俩来较量一下！”

看热闹的工人围了上来，都觉得有好戏要开演。

“乔治，初生牛犊不怕虎，怕他咋的！”

“对，打他个落花流水、屁滚尿流！”

许多等着看热闹的工人，怂恿斯蒂芬孙迎战。

“那家伙的拳头就像铁锤一样硬。”也有人提醒说。

“我接受挑战。”斯蒂芬孙平静地应道。

决斗定在两天后进行，地点就在矿区的一块空地上。内德·纳洛逊放出话说，欢迎大家来看他“痛打这个放肆的小子”。消息传开了，斯蒂芬孙的朋友们都很担心，劝他退出这场决斗，几乎所有人都认定他会惨败。但斯蒂芬孙主意已定，他经常和伙伴们练摔跤，对自己很有信心。决斗那天，矿区的居民几乎都来观战。内德·纳洛逊虽然力气很大，但只会使蛮力。斯蒂芬孙的身手像豹子一样矫捷，几个回合下来，内德·纳洛逊已是黔驴技穷。斯蒂芬孙瞅准他的破绽猛的一击，内德·纳洛逊被打翻在地，观众发出一阵欢呼。内德·纳洛逊从地上爬起来，满脸羞愧地溜走了。

这次决斗成了斯蒂芬孙的成人礼，标志着他从一个少年变成了成年人、一个真正的男子汉。斯蒂芬孙也因此赢得了矿区人的尊敬，矿工们都把斯蒂芬孙看成是自己队伍中的一员。的的确确，斯蒂芬孙血管里流着矿工的血液，他身上有股男子汉气概，粗犷豪放。即便他后来成为有头有脸的工程师，骨子里仍然是一名矿工，他喜欢和人掰手腕，嘴里偶尔还爆句粗话。

KEXUE JUREN DE GUSHI

# 优秀机械师

## 门门在行的人

*menmenzaihangderen*

就在这个时候，爱情悄悄地降临了。斯蒂芬孙认识了一个名叫伊丽莎白·欣德马什的女孩。她比斯蒂芬孙小两岁，是个体态轻盈的漂亮姑娘，长着一双明亮的蓝眼睛。她是黑卡勒顿教区最大的农场主的女儿，但一点儿也不娇生惯养，待人和善，举止大方，说话时总爱笑。大家都亲昵地叫她贝蒂。

斯蒂芬孙和内德·纳洛逊决斗那天，贝蒂恰好在场。她看见打斗的双方，一个是大块头，气焰嚣张，满脸凶相；另一个年轻人要矮半个脑袋，但身强体壮，神色并不慌张。她从心底希望后者——也就是斯蒂芬孙获胜。当斯蒂芬孙挥拳把庞然大物的对手打翻在地时，贝蒂第一个跳起来欢呼。斯蒂芬孙的勇敢、镇定和十足的男子汉气概，深深地把她吸引住了。

斯蒂芬孙得到一个漂亮女孩的喝彩，受宠若惊。

"呵呵，感谢你为我加油。"他笨拙地说。

"我叫伊丽莎白，大家都叫我贝蒂。"贝蒂朝他嫣然一笑。

"我叫乔治·斯蒂芬孙，是矿上的制动手。"斯蒂芬孙自我介绍。

"哦，你的技术水平蛮高啊！"贝蒂夸了一句。

"我修鞋的水平还要高些。"斯蒂芬孙说。

贝蒂咯咯地笑起来。

"修复遗憾，重现完美。"她学着说了一句，调皮地问，"那就是你的口号吧？"

"是的，过奖了。"斯蒂芬孙在矿区有点小名气。

贝蒂笑得更开心了。

斯蒂芬孙从来没有谈过恋爱,此刻,他突然意识到爱神就站在面前。

“你愿意和我交朋友吗？”他大胆地问。

“我愿意。”贝蒂回答道。

两人就这样从邂逅到心有灵犀,开始谈起恋爱来。他们起初在夜校里悄悄会面,后来发展到在贝蒂父亲的果园里约会。欣德马什夫妇发现女儿爱上了一个穷矿工,非常震怒,坚决反对他们继续交往。

“看他傻头傻脑的样子,完全是个大老粗。”父亲不屑道。

“听说还是个业余修鞋匠,真丢人。”母亲帮腔说。

贝蒂向父母解释说,斯蒂芬孙虽然没有接受过教育,但他是一个很上进的青年,不满足当个制动手,还在不断补习文化。

“19岁的大男人,才学会写自己的名字,有什么用！这种文盲一辈子也不会有出息！”

父亲要求贝蒂与斯蒂芬孙断绝来往,并警告说,如果贝蒂不听劝,他就去找矿主,控告斯蒂芬孙诱骗自己年幼无知的女儿。贝蒂怕连累斯蒂芬孙,被迫和他断绝了关系。

“会有好多大户人家来提亲的。”母亲安慰女儿说。

“我谁也不嫁！”贝蒂发誓一辈子不嫁人。

斯蒂芬孙的初恋,就这样夭折了。农场主的歧视态度深深地刺痛了他,斯蒂芬孙从此对有钱人敬而远之。

没有多久,斯蒂芬孙和一个农家的女孩相好了。这个女孩名叫安妮·亨德森,是附近一个农场的女佣,模样乖巧,长着一头金发。斯蒂芬孙做了一双漂亮的皮鞋送给她。要知道,制作皮鞋可是斯蒂芬孙的拿手好戏。没想到,命运挺会捉弄人,安妮愉快地收下了斯蒂芬孙的礼物,但却拒绝了他的求婚。原来,安妮早就有心上人了。都怪斯蒂芬孙没有弄清楚状况就贸然出手，结果是赔了皮鞋又折兵。

斯蒂芬孙的感情接连受挫，情绪跌落到低谷。

正当他失望之极，竟然峰回路转，喜从天降。安妮有个姐姐也在这家农场当佣人，她的名字叫弗朗西斯·亨德森，人们都叫她范妮，人长得不漂亮，但性情温和。与妹妹不同的是，范妮是个稳重可靠的姑娘，农场主一家都很信任她。几年前她曾和一个农村小学校长订婚，不幸那个校长得病去世了。斯蒂芬孙得知这个情况，于是向她求婚。范妮对斯蒂芬孙的印象很好，便答应了。

斯蒂芬孙不禁喜出望外。他的爱情观很实际，就是讨个老婆过日子，所以他不讲究什么浪漫情怀，也不在意风花雪月，既然范妮不嫌弃自己，就是好老婆。

1802 年 11 月 28 日，21 岁的斯蒂芬孙同范妮在新伯恩教堂举行了婚礼。两个新人在结婚证上签了名。范妮的名字是斯蒂芬孙代签的，斯蒂芬孙自己的签名笔迹稚拙，带着一点孩子气，而且弄得很脏，也许新郎官落笔时太激动了。

婚后不久，斯蒂芬孙夫妇搬到纽卡斯尔以东的威灵顿码头。那里刚安装了一台新的绞盘机，斯蒂芬孙被聘为制动手。他们在码头旁的村子里租了一间房子，用范妮的积蓄买了一些家具。夫妻俩相亲相爱，非常美满。第二年 10 月，他们生了一个儿子，取名罗伯特——和他爷爷的名字一样。儿子出生后，斯蒂芬孙多租了两间房子。但他始终很节俭，从不乱花一分钱。除了干好制动手的本职工作，斯蒂芬孙仍然靠做鞋来补贴家用，同时还接修理钟表的活儿。那时候家里有一座钟表是阔气的标志，矿工们轮班作业也需要掌握时间。斯蒂芬孙从小喜欢捣鼓小机械、小模型，修理钟表他也是无师自通，无论什么毛病他都能修好。矿工们的钟表出了故障，都拿来请他修理。他的收费合理，很受顾客欢迎。

斯蒂芬孙既是称职的制动手，又是技艺高超的修鞋匠、受欢迎的钟表修理师，还是一个能干的钳工，人们都为他精湛的手艺感到惊讶。斯蒂芬孙还苦读技术书籍，钻研机械原理，醉心于发明创造。用斯蒂芬孙自己的话说，他的目标是要做一个“门门在行的人”。

妻子范妮很贤惠，她和斯蒂芬孙一样，既勤快又节俭。除了照料儿子罗伯特和料理家务外，她还从邻居那里找来一些缝纫活儿干，可以给家里增加些收入。斯蒂芬孙很庆幸自己找到一个贤内助。

## 亲 情

qinqing

为了改进煤炭运输的落后状况，威灵顿矿的一些煤矿工程师进行技术革新，尝试用固定的蒸汽动力机，把运煤的车厢通过轨道拖到河边码头。这在当时是一大创举，因为之前蒸汽动力机只用于抽水的泵机或绞盘升降机。煤矿工程师采用的办法是，把蒸汽动力机安装在轨道旁边的山头上，用以带动绳子或者铁链将煤车拉上山顶，然后利用重力作用，让煤车沿着轨道滑动到另一面山坡的底下，然后再用马把煤车拉到河边。这种新的机器，引起了斯蒂芬孙莫大的兴趣，对他日后发明蒸汽机车有很大的启发。

斯蒂芬孙琢磨，这种用蒸汽动力带动绳子或者铁链牵引煤车的办法，虽然比用马拉给力得多，但要凭借翻山的重力才行，在平地上不能用，局限性很大。

他大胆地设想：“能不能索性把蒸汽机安装在车厢上，让它带动着煤车在轨道上跑呢？”如果这样能行，只要有轨道的地方，蒸汽动力煤车都能畅通无阻。这将是何等美妙的事啊！这个想法虽然还很朦胧，却让斯蒂芬孙兴奋了好一阵子。

斯蒂芬孙打算对威灵顿矿上的新机器进行一番研究，不料，这时他被派到另一个矿井工作，地点在纽卡斯尔以北 11 千米的基林沃恩，还是当制动手。蒸汽动力煤车的想法，也就搁置下来。当时是 1804 年，斯蒂芬孙 23 岁。

第二年，妻子又生了一个女儿。可惜的是，这个婴儿生下三个星期后就夭折了。范妮非常难过，斯蒂芬孙也很痛心。

令斯蒂芬孙意想不到的是，更大的打击接踵而至。因为伤心过度，范妮的身体状况日益恶化，不久，她因肺病不治猝然去世。

斯蒂芬孙 24 岁丧妻，留下一个不满 3 岁的儿子罗伯特，这使他悲痛万分。他觉得命运对自己太薄情了。他和范妮的美满婚姻，算起来只有短暂的三年！斯蒂芬孙仿佛变了一个人，他对工作失去热情，时常独自坐在窗前发呆。目睹着小房间里的一切，都会勾起他对亡妻的回忆和哀思。

为了逃避丧妻之痛，斯蒂芬孙离开基林沃恩，徒步来到遥远的苏格兰。他把儿子罗伯特留在基林沃恩的家里，请了一个女邻居替他管家。他在苏格兰的蒙特罗斯矿区找到一份工作——担任瓦特蒸汽动力机的操作手。他身在北方异乡，暂时忘却了痛苦，拼命地工作。

几个月后，斯蒂芬孙带着积攒的 28 英镑回到基林沃恩家里，却发现屋里空无一人。原来那个女邻居嫁给了斯蒂芬孙的弟弟，把罗伯特也一起带走了。斯蒂芬孙把儿子接了回来，请他的妹妹内莉照料。内莉比斯蒂芬孙小 3 岁，曾在伦敦做过女佣。她曾经有过男朋友，已经发展到谈婚论嫁的地步，但那个男人却变了心，同另外一个女人结了婚。经历了这次感情的创伤，内莉再也不相信“海誓山盟”和男人的花言巧语。她变成一个虔诚的教徒，常常带着小罗伯特进教堂祈祷，还带小家伙到乡村的亲戚家玩耍。小罗伯特很喜欢和她在一起。内莉此后十多年未婚，一直帮哥哥把罗伯特抚养成人。罗伯特后来的成就不在父亲之下，多亏了这个姑姑的辛勤付出。

从苏格兰回来，斯蒂芬孙发现父亲遭到一场飞来横祸。原来，有一天老罗伯特正在修理动力机，一个工友突然放出蒸汽，老人躲避不及，被蒸汽烫瞎了双眼。治疗后他的视力再也不能恢复，工作也丢了，还欠下一笔债。父亲需要人照顾，但母亲这时已经去世，弟弟妹妹们只能勉强维持自己的生活。斯蒂芬孙承担起全部的担子，帮父亲还清了所欠的债，并把老人接到身边一起生活，后来一直赡养到去世。对斯蒂芬孙而言，亲情是人世间最宝贵的情感。

教小孩(法国画家夏加尔作品)

人生的打击接二连三，斯蒂芬孙还是挺了过来。斯蒂芬孙是一个有抱负的青年，面对挫折和不幸，他永远不会趴下。

## 10 英镑奖金

*shiyingbangjiangjin*

斯蒂芬孙回到基林沃恩，很幸运地又被聘用为制动手。由于家里的境遇，加上积攒的钱已花得精光，斯蒂芬孙在机械发明方面的一些想法，只好暂时搁置下来。他潜下心来，埋头做好制动手的本职工作。因为斯蒂芬孙的技术好，矿区的机器出了故障，总会找他帮忙修理。

没有多久，斯蒂芬孙修理各种机器的本事，引起了基林沃恩“大联盟”煤炭集团老板们的关注。斯蒂芬孙的职业生涯，迎来了一个转折的机会。

基林沃恩矿区有一个投资巨大的新矿井，安装了一台纽科门泵，用来驱动提水泵抽干矿井里的水，以保障矿工们可以在矿井深层采煤。这台纽科门泵是个庞然大物，耗煤量惊人，投入使用一年多来，机器经常出故障。斯蒂芬孙在闲暇时曾多次去观看这台"煤老虎"。他 14 岁当助理司炉，17 岁做司炉，和蒸汽机打交道多年，对机器的结构和性能了若指掌。在苏格兰，他又见识过瓦特新式蒸汽机的优越性能。斯蒂芬孙经过细心观察，对这台老式纽科门泵的毛病，已是胸有成竹。

于是他扬言说："如果让我来干，它的故障我一定能修好。"

这话传到了"大联盟"煤炭集团的老板那里。

"这个斯蒂芬孙是干什么活儿的？"老板问左右。

"只是一个普通的制动手。"一个人回答。

"听说他对修理机器挺在行。"另一个人说。

"不过听人说，这家伙爱说大话。"

"这台纽科门泵他能修吗？"老板又问。

"这不好说，矿上那么多技师都没有修好……"

又过了一阵子，这台纽科门泵彻底不行了。矿上派了许多机械师都没有修好，眼看着只有报废了。

这时，"大联盟"煤炭集团的老板想起了斯蒂芬孙："叫那个爱说大话的家伙来试试吧。"

于是，矿上的总监工多兹先生亲自登门，拜访斯蒂芬孙。

"听说你对人讲过，能修好那台纽科门泵？"多兹先生问道。

"是的。"斯蒂芬孙说。

"那么多技师都没有修好，你有把握吗？"

"当然有把握。"斯蒂芬孙信心十足，"但是我有一个条件。"

"你尽管说，要什么条件？"总监工大喜过望。

“给我做帮手的工人，必须由我自己挑选。”斯蒂芬孙知道有的工人嫉妒他的才能，如果派这种人来给自己当帮手，肯定会故意制造麻烦，所以他坚持要挑选信得过的人。

“这没有问题。”多兹先生一口应承。

原先修过这台机器的技师对此颇为不满，他们的年龄都比斯蒂芬孙大，而且经验丰富，大家都想看斯蒂芬孙的笑话。

斯蒂芬孙挑选了几个能干且又信得过的工友，给自己当助手。他们守着这台纽科门泵整整三天三夜没有合眼，先是把部件一件件拆下，有的进行清洗，有损坏的更换新的，然后再把它们组装起来，机器终于运转正常了。矿井里的水被抽出来了，矿工们又重新被送到井下工作了。

机器修好后，总监工多兹先生喜出望外，给了斯蒂芬孙 10 英镑作为奖励。

“谢谢你，让这台机器起死回生了！”多兹先生夸奖道。

“这没什么，小意思！”斯蒂芬孙谦逊地说，但听起来倒像是挺自负的，或者说是洋溢着一种自豪感。

在基林沃恩煤矿区，斯蒂芬孙的名气越来越大，老板们都知道他是一个不可多得的技师人才。正如亨特·戴维斯在《斯蒂芬孙传》里说的，在老板和经理的眼里，“他是一个有着发明头脑、高超技艺的技术工程人员，一个意志坚强、性格固执、充满着稀奇古怪的想法和理论但却满怀热情的人，一个认为自己什么都能干的乐观主义者。”

斯蒂芬孙的职位很快得到提升。1812 年斯蒂芬孙 31 岁时，被任命为“大联盟”煤炭集团的煤矿动力机械师，负责矿上的所有机器，年薪 100 英镑。他不仅要管理基林沃恩矿井的机器，还要负责维护和修理“大联盟”煤炭集团其他矿井的动力机。煤矿专门给斯蒂芬孙配备了一匹高头大马，他骑着这匹马在矿区四处巡视，遇见问题随时解决。

骑马巡视(马琳油画)

斯蒂芬孙凭着自己的本事和努力,成为基林沃恩煤矿区令人瞩目的人物。“大联盟”煤炭集团老板深知人才难得,还破例允许斯蒂芬孙给其他矿区做点兼职的活儿。斯蒂芬孙的收入颇丰,大大改善了全家人的境况,也令父亲得以安享晚年。

斯蒂芬孙还舍得花钱送儿子罗伯特去上学,接受正规教育。最初,罗伯特被送到离家不远的乡村小学读书。这所学校离家近,收费也不高。11 岁时,罗伯特转学到纽卡斯尔的一所私立学校。这是一所贵族学校,校长是布鲁斯博士,上学的孩子大都来自中产阶级家庭。这所学校虽然学费很贵,但老师素质高,校风好,对罗伯特增长知识和提高素养很有益处。罗伯特和同学们打成一片,渐渐克服了浓重的诺森伯兰地方口音,也学会一点绅士风度。罗伯特体格有点瘦弱,从学校到基林沃恩来回有 16 千米远,斯蒂芬孙特地为儿子买了一头小毛驴,让他骑着毛驴上学。更有意思的是,每天罗伯特放学回家后,斯蒂芬孙就让儿子给自己当老师,让他把在学校里学的物理和化学功课教给自己。

斯蒂芬孙深知自己没有文化的缺陷,正是这个原因,他的个性常常流露出粗鲁和暴躁的一面,一辈子都为自己书写的蹩脚而感到遗憾。流传后世的一些斯蒂芬孙信件,大多是他让人代笔写的。由他亲笔写的书信很少见,而且随处可以发现语法拼写的错误。这就是乔治·斯蒂芬孙——一个没有文化的大老粗,一个醉心机械发明的旷世奇才。

# 发明与再婚

*famingyuzaihun*

“大联盟”煤炭集团对斯蒂芬孙十分器重，给他的报酬很高。其主要原因是斯蒂芬孙的发明才能，给集团带来了巨大的经济效益。

斯蒂芬孙设计了一种动力牵引机，用来牵引煤斗车，这种机器比以前的所有设备效率都高。基林沃恩矿区的这项作业，以前要使用100匹马，采用斯蒂芬孙的发明后，只用15匹马就足够了，为集团节省了大笔开支。这个发明也为斯蒂芬孙带来一笔额外的收入。集团老板还很开明，允许斯蒂芬孙为别的煤矿老板制造这种动力牵引机，挣的钱归他自己。

斯蒂芬孙还搞了许多小发明，虽然没有投入使用，但都很有趣。

他在自己的小花园里装了一个有发条装置的“稻草机器人”，它的双手能够上下挥舞，专门吓唬那些飞来觅食的鸟雀。邻居路过时，一不小心也会被吓一大跳。每当这时，斯蒂芬孙都会冲着他们扮个鬼脸，充分表现出他的乐观天性和搞恶作剧的本能。

斯蒂芬孙还设计了一种婴儿自动摇篮，摇篮的底座连着一个管道，可利用烟囱里的煤烟来驱动摇篮自动摇晃。这种装置究竟怎么会动，没有留下具体的资料。据作家塞缪尔·斯迈尔斯在其最早的一本斯蒂芬孙传记里证实确有其事。斯迈尔斯采访过基林沃恩村的女人们，多年后她们还记得这个巧妙的发明。

斯蒂芬孙还发明过一种“能在水下点燃的灯”，他把这种灯装在金鱼池里。有一天，一位煤矿老板来访，斯蒂芬孙点燃了金鱼池里的灯，金鱼全部驱光而游，聚集在灯的周围，斯蒂芬孙笑眯眯地把它们一网打尽，令那位老板大跌眼镜。

在斯蒂芬孙的房间里，堆满了各种各样有趣的玩意儿，其中有不少是刚完成或未完成的发明物模型。他和当时许多发明家一样，一度沉迷于永动机的研究，他用水银做了好多次实验，每次都以失败告终。最后斯蒂芬孙恍然大悟，这是个永远也不能实现的白日梦。

对斯蒂芬孙而言，所有这些都是搞发明创造的一种尝试和演练。作为一个精力旺盛和充满了奇思妙想的发明家，在不断探索中他面临着选择：究竟把自己的主攻方向选在哪里？

事实上，斯蒂芬孙是在寻找一个突破口。一旦时机成熟，他的雄心壮志和聪明才智就会像火山的岩浆一样喷发出来。

罗伯特 15 岁时，从布鲁斯博士的私立学校毕业。斯蒂芬孙把儿子送到老朋友尼古拉斯·伍德手下做实习生。伍德这时已升为基林沃恩矿的总监工，他对罗伯特很照顾。

“对这小子，你要严格一点。”斯蒂芬孙叮嘱伍德。

“他是一块工程师的好料，你尽管放心。”伍德说。

伍德看得出来，罗伯特既继承了父亲的发明才能，又比斯蒂芬孙有文化、有修养，将来的前途不可估量。罗伯特对科学探索具有浓厚的兴趣，有一次他读到一篇关于征服电的文章，就独自在家里做起实验来，结果现场发生爆炸，差一点引起火灾。唯一的损失是，他的坐骑——那头毛驴被电翻在地。所幸那头毛驴的命大，躺了一会儿竟自己挣扎起来，摇摇晃晃地走出屋去了。

就在 1818 年罗伯特当实习生后不久，内莉姑姑嫁人了。她像母亲一样照顾了罗伯特 13 年，直到他完成教育才放心地离开。斯蒂芬孙非常感谢这个妹妹。多年来，多亏了她的奉献和自我牺牲，家里才像个家的样子。正因为如此，斯蒂芬孙从来没有过续弦的打算，他把时间和精力都用在事业上。

如今内莉离开了,家里没有人管了。37岁的斯蒂芬孙身强体壮,精力充沛,又热情乐观,事业有成。许多热心人前来向斯蒂芬孙提亲,斯蒂芬孙都没有动心。但提亲的人依然络绎不绝,斯蒂芬孙都婉言谢绝了。

一年半过去了,上帝竟创造了奇迹。

1820年秋天,大丽花盛开的时节,39岁的斯蒂芬孙终于决定再婚。极富戏剧性的是,新娘的名字叫伊丽莎白·欣德马什——她就是斯蒂芬孙的初恋,那个长着一双蓝眼睛的贝蒂。

18年来,贝蒂一直坚守誓言,没有嫁人。如今的斯蒂芬孙已不是那个穷小子、制动手,他成了基林沃恩矿区最优秀的机械师,一年能挣200多英镑,拥有一座大房子,还有几百英镑的积蓄和股票,泰恩河地区有很多矿业主想高薪聘他,他都不去。所有这些,让欣德马什家族对斯蒂芬孙刮目相看。反对女儿和斯蒂芬孙结婚的禁令,自然成为过眼云烟。斯蒂芬孙和贝蒂一对有情人终成眷属。贝蒂还是那样爱笑和乐观,岁月的历练使她的美显得更为成熟。

他们的婚礼也是在新伯恩教堂举行的。教区牧师亲自主持了婚礼仪式,教堂里特地为一对新人演奏了小提琴四重奏。斯蒂芬孙这次在结婚登记簿上的签字,笔迹粗壮有力,结尾处落笔潇洒而有自信。他签名用了“Geo”(乔)而不是“George”(乔治),显得不很规范。

斯蒂芬孙的个人生活和发明生涯,此后进入了辉煌时期。在他为催生蒸汽机车和普及铁路作出巨大贡献之前,斯蒂芬孙还有一项重要成就值得介绍,这就是发明矿用安全灯。这个发明曾拯救了无数矿工的生命。也正是这项发明,使草根出身的斯蒂芬孙与科学泰斗戴维之间,发生了一场针锋相对的发明权之争。

KEXUE JUREN DE GUSHI

# 安全灯之争

# 斯蒂芬孙的发明

*sidifensundefaming*

工业革命促进了英国工业的迅猛发展，对煤炭的需求量急剧增加，但是煤矿工人的处境却很艰难。他们在黑暗的地底下挖掘、搬运煤炭，不仅劳动强度大，还时常有可能遭遇瓦斯爆炸，生命得不到保障。

所谓瓦斯爆炸，就是煤矿里随时会分解出一种叫甲烷的气体（古代植物在堆积成煤的初期，因纤维素和有机质经厌氧菌的作用分解而成），当这种气体聚集到一定浓度时，和空气中的氧气结合，遇到明火就会燃烧，发生可怕的爆炸。

矿井里经常发生瓦斯爆炸

斯蒂芬孙工作的基林沃恩矿，曾因瓦斯爆炸发生过几次矿难，死了好多人。斯蒂芬孙 19 岁刚当上制动手时，矿上就有 10 个矿工死于瓦斯爆炸。三年之后，又有 12 个矿工遇难。这类悲惨的事故，在英国所有的矿井都有发生。最严重的一次，是 1812 年基林沃恩附近的盖茨黑德煤矿发生的“火雾”爆炸事故，有 90 个人被烧死或因窒息而死，其中部分死者还是童工。这场灾难令全英国为之震惊。

灾难并没有停止。1813 年，又一场瓦斯爆炸夺走了 22 个矿工的生命。1814 年，基林沃恩煤矿的一个分矿再次发生瓦斯爆炸，数人被烧死。其他分矿的工人担心火灾蔓延，纷纷惊慌逃命。这时候，临危不惧的斯蒂芬孙冒着巨大的危险，要求把自己送到分矿井里。他带领工人们一起筑了一道砖墙，堵住了通往那个燃烧分矿的通道，砖墙后的火焰因为缺乏空气而熄灭，火灾终于被平息了。当矿井里所有人都上来后，矿工的家属们都扑倒在斯蒂芬孙的脚下，对他感激涕零。

“没有什么，这是我应该做的。”斯蒂芬孙说。

斯蒂芬孙出生在矿工之家，从小就当上了矿工，他深知一个矿工生命的卑贱和宝贵。这件事促使他寻求一种预防瓦斯爆炸的办法。

经过潜心研究和反复实验，斯蒂芬孙终于发明了矿工安全灯。

瓦斯发生爆炸的条件是：一定浓度的瓦斯、空气中的氧气和火源。而矿工们在漆黑的坑道里作业，随身携带的油灯或者蜡烛这种明火，常常就是引爆瓦斯的“元凶”。斯蒂芬孙设计的矿工灯，在灯的侧壁上开了许多安全管孔，空气通过这些圆形小孔流入，再引向灯的火焰，可以避免灯火外溢引爆瓦斯。

斯蒂芬孙在矿井下实验安全灯

1815年8月，斯蒂芬孙造出第一盏安全灯样品，把它拿到矿井里并在危险的瓦斯中进行实验。正如亨特·戴维斯在《斯蒂芬孙传》中所写的：“他这一切实验，都是用边试边改的办法进行的。一面看瓦斯怎么起火，一面通过观察和实际实验，努力找出如何避免爆炸的办法。由于他对化学基本原理的掌握非常粗略，在实验期间没有将自己炸死，这简直是个奇迹。”

同年11月，斯蒂芬孙对原始型的

安全灯作了进一步改进，并在矿井里开始实际应用。

1815 年 12 月 5 日，在纽卡斯尔文理学会上，他的好友尼古拉斯·伍德对斯蒂芬孙的发明作了公开介绍，有 80 多个会员出席会议并观看了演示。斯蒂芬孙因为不习惯在学术会上亮相，也不善于言辞，特地请好友尼古拉斯·伍德先生担任主讲人，他自己站在旁边一个不引人注目的地方。可是，当他发现伍德的讲解有个别错误时，便忍不住走上前台，操着浓重的诺森伯兰口音，对他的发明作详尽的解释。斯蒂芬孙还带来几个气袋，里面装有从基林沃恩矿井里收集来的瓦斯，他点燃矿工灯进行演示，结果证明，这种灯在瓦斯下的确是安全的。

在纽卡斯尔文理学会上的公开展示，斯蒂芬孙的发明得到一致公认。斯蒂芬孙的安全灯很快在纽卡斯尔矿区被推广开了。

## 戴维的发明

*daiweidefaming*

几乎在同一时间，英国大化学家戴维也发明了安全灯，而且“戴维灯”比“斯蒂芬孙灯”名气更大，声誉更显赫，以至于后来人们只知安全灯的发明人是戴维，而不知还有斯蒂芬孙。这是很不公平的。

戴维是英国的科坛天才、杰出的化学家。他于 1778 年生于英国康沃尔郡彭赞斯一个贫民家庭，年轻时与瓦特的小儿子格雷戈里曾是好朋友，17 岁开始自修化学，后自学成才，开辟了用电解法制取金属元素的新途径。他 23 岁被任命为皇家学院教授，24 岁当选为英国皇家学会会员，28 岁创立电化学，尽管当时英法两国处在敌对状态，拿破仑还是破例向他授了勋章。29 岁那年，戴维

大化学家戴维

用电解法发现了钾、钠元素；第二年又分离出钡、锶、镁、硼等新元素，轰动了化学界。1812 年 4 月，33 岁的戴维被册封为爵士。戴维获得勋爵称号后与一个富孀结了婚，几个月后，他偕夫人及助手法拉第去欧洲作了 18 个月的学术访问。

当他们回到英国时，正遇到卡尔迪弗矿井发生了几次可怕的瓦斯爆炸，造成了数千名矿工的死亡，英国宣布全国服丧志哀。英国东北地区的矿主为此成立了一个“防止煤矿灾祸协会”，悬赏预防爆炸的良策。矿业公司总经理久仰戴维的大名，登门请求戴维帮忙，于是戴维接受了这项任务。1815 年 8 月 24 日，戴维和法拉第一起来到纽卡斯尔煤矿，参观了几个矿井，考察了瓦斯爆炸的原因。经过研究，他们发现瓦斯爆炸是由矿灯里的火焰引燃的。如果在矿灯周围装上一层金属网罩，火焰的热量会被金属网散发掉，瓦斯就不会爆炸。根据这一原理，戴维发明了一种有罩的安全矿灯。他在灯上安装了“约束火焰的网筛”和“防风筛”两个装置，前者可任煤气、空气和光等通过而将这类混合气的温度降低，因而火焰不能越出网筛；后者是防止风力过大，以确保安全。1815 年 11 月 9 日，即斯蒂芬孙演示安全灯之前一个月，戴维在伦敦皇家学会上宣读了他的论文：《关于煤矿的易燃气体及防止其爆炸的煤矿照明方法》。

1816 年初，戴维研制的安全灯正式问世，在矿上开始试用，效果良好。戴维的发明很快被全国各个煤矿采用，有效地减少了瓦斯的爆炸，受到矿工们的欢迎。在今天看来,这种安全灯已经过时,但在当时却拯救了成千上万矿工的生命,因此英国有人把戴维发明安全矿灯和英国名将威灵顿在滑铁卢大败拿破仑,并列为1815年英国的两大胜利。戴维因为发明这种安全矿灯获得了朗福德勋章。

戴维发明的安全灯(1816年)

戴维没有忘记法拉第的协助之功。在两年后出版的安全灯论文集里,戴维特意写道:“我本人向法拉第先生致谢,在我的实验中,他做了许多有力的帮助。”但是对斯蒂芬孙也发明了安全灯,戴维却始终不予承认。

## 公众评判会

*gongzhongpingpanhui*

戴维的安全灯后来在纽卡斯尔展览时,许多人发现和斯蒂芬孙制作的安全灯原理几乎一模一样。由于戴维是名声显赫的大科学家,他的安全灯受到政府的宣传,得到极高的赞誉。而小人物斯蒂芬孙的发明却没有获得官方的认可和重视。戴维除了获得朗福德勋章,还得到英国煤矿老板们奖励的2000英镑巨款。而斯蒂芬孙只得到象征性的100英镑奖金。

斯蒂芬孙的支持者为他抱不平,他们认为斯蒂芬孙发明制作安全灯在戴维之前,这样对待斯蒂芬孙不公平。于是,一场关于“谁是安全灯的发明人”的纷争就爆发了。戴维的拥趸者们坚持戴维是第一个发布安全灯的人。斯蒂芬孙的支持者说，尽管斯蒂芬孙在纽卡斯尔文理学会上公布安全灯的日期在戴维之后，但有许多当事人能证明，早在戴维发明安全灯之前，斯蒂芬孙已研制出安全灯了，因此斯蒂芬孙才是第一个发明安全灯的人。

1816 年到 1817 年，英国各大报纸和地方报纸对这一争执进行了多方报道，双方的观点针锋相对，火药味十足。这段时间戴维在公开场合保持沉默，他觉得如果亲自出面与一个工人争发明权，有失自己的大学者身份，但他对斯蒂芬孙的发明，采取了完全否定和敌视的态度。戴维在给友人霍奇森的信里，嘲笑斯蒂芬孙“对化学成分无知”和他那“荒诞无稽的灯”，他说：“斯蒂芬孙这个人的实验一文不值。一些曾读过他的小册子的人，都认为他是个小偷，而且是一个并不高明的小偷。”

在戴维的指使下，有人对斯蒂芬孙发动了人身攻击。戴维阵营的人投书《科学杂志》，指责斯蒂芬孙的发明剽窃了戴维的成果。一直持冷静态度的斯蒂芬孙，为了捍卫自己的名誉和尊严，请朋友代笔在 1817 年 3 月 13 日给《科学杂志》写了一封措辞慎重的信，信中写道：

我注意到贵刊将我对安全管孔的实验，说成是我由于听到戴维爵士的研究而模仿的，而且你们还把这种意见正式塞进了上一期的《科学杂志》。

你们可能没有读过我在公众面前所做的那次报告，否则，你们不会对我的诚实提出疑问。实际上，早在戴维爵士来这个地区以前，我就对几个人谈过安全灯的原理，很多人见过矿用安全灯的设计。当戴维爵士在这里考察时，这种安全灯已经由我制造出来了。此灯的设计及制作事实均有制造商可以做证。而在那个时候，戴维爵士根本谈不上对他打算做的事有任何成熟的意见。

尼古拉斯·伍德是斯蒂芬孙的坚定支持者。他非常熟悉自己的老朋友斯蒂芬孙，了解安全灯的制作过程。伍德在报刊上撰写文章，发表文件、书信，介绍斯蒂芬孙研制安全灯的过程，为斯蒂芬孙主持正义。斯蒂芬孙受雇的“大联盟”煤炭集团也为斯蒂芬孙呼吁，澄清事实真相。

斯蒂芬孙发明的安全灯

1817 年 11 月 1 日，在纽卡斯尔议会厅举行了一次公众评判会。评判委员会由当地著名的学界人士和社会名流组成，其中包括“大联盟”煤炭集团代表斯特拉思莫尔伯爵、著名企业家威廉·洛什等。会上公布了斯蒂芬孙研制安全灯的全部经过，最早的见证人之一是纽卡斯尔的锡匠霍格。他提供的证词证明：在 1815 年 10 月 2 日到 10 月 7 日之间，斯蒂芬孙带着设计图来他的铺子，请他按照图样制作一盏安全灯。据其他一些煤矿工人等证人说，早在 8 月斯蒂芬孙就研制出这种安全灯的第一个样品。斯蒂芬孙的儿子罗伯特和朋友伍德都曾参加过研制工作，将危险气体带回家中，实验时曾发生气体反燃现象，但并未爆炸。斯蒂芬孙曾带着这种原始型的安全灯下到矿井里，在危险的瓦斯中进行实验。11 月 4 日，斯蒂芬孙完成了第二个安全灯。11 月 24 日，斯蒂芬孙造出第三个改进型安全灯，并在煤矿里开始使用。12 月 5 日，在纽卡斯尔文理学会上进行了正式公布。

评判委员会详尽地听取了各种证据，最后写出一份正式报告，宣布斯蒂芬孙并没有剽窃戴维的成果，认为斯蒂芬孙应享有同样的奖励。斯蒂芬孙因此被赠予筹集到的1000英镑奖金，以及一个银质纪念杯。银杯上镌刻着“第一位运用安全灯原理的制造者”的字样。

斯蒂芬孙画像(素描)

公众评判会的裁决，使斯蒂芬孙获得了应有的荣誉与地位。

斯蒂芬孙在答谢辞中，对评判委员会和所有主持正义的人致以谢意。他诚挚地表示，非常感谢大家在他“制造一种安全灯”的努力中，以及在他同“科学家戴维爵士”的争论中给予的支持。

在答谢辞的结尾，斯蒂芬孙动情地说：

> 当我想到自己成长和生活的情况，这种情况在座的很多先生是知道的；当我想到戴维爵士极高的地位、他在社会上的极大声誉以及他在科学家和科学机构中的影响——当我想到这一切时，都使我对到会的先生们感激不尽，这种恩情我一辈子也忘不了。先生们，在结束的时候，我将为出席这次会议的诸位所给予的巨大奖励，为你们在我同对手的斗争中给予的支持，表示衷心感谢！

这场令人瞩目的公众评判会，终于为一个地位低微、没有受过教育的工人发明家伸张了正义。评判委员会的报告副本连同一盏斯蒂芬孙的安全灯样品，现存于纽卡斯尔文理学会的一个玻璃橱窗里，作为这场关于安全灯发明权大论战的一个历史见证。

在报告的最后一页，意味深长地写道:“请记住他出生和生活的低微家世与辛劳景况,记住他从事科学研究的困难手段和稀微的机会。”

## 小人物对决大权威

xiaorenwuduijuedaquanwei

评判委员会的报告公布 10 天之后,戴维公开表态反对这一裁决。

戴维分别写信给几位斯蒂芬孙的主要支持者，宣称评判委员会被斯蒂芬孙蒙骗了,他抗议说这侵犯了他本人的荣誉。

戴维在信中傲慢地写道:

先生:

在报纸上看到您的名字与英国科学界尽人皆知的一项错误而又荒唐的裁决有关后,我很想知道它是不是在您的同意下使用的。

我所属的官方科学机构,将会受理评判这项对我的科学名声、我的声誉和尊严的间接攻击。我很想知道在这一刻我的敌人究竟是谁,这并非出于任何害怕的感觉，而是因为我不希望一些体面的人由于错误的慈悲思想而卷入这场纠纷,这必将引起公众的愤慨。

先生,我是您顺从而谦恭的仆人。

洛什在给戴维的回信中,毫不客气地进行了反驳。他不无讽刺地写道:

我刚接到阁下的信,说得轻些通篇都是权威的语调,这在绅士的通信中是颇为少见的。我的名字得到我的完全许可。不过,这个委员会的裁决,看来对您得罪不浅。

可以告诉阁下的是，我对自己在这件事情中的所作所为问心无愧。至于您所属于的“官方科学机构”可能进行受理评判,我对此毫不介意。

虽然我知道您曾经给公众带来过巨大的利益，但我认为自己完全有自由以任何我认为是最好的方式，来对任何别人的天才和功绩表示我的敬意。

“大联盟”煤炭集团的代表斯特拉思莫尔伯爵在给戴维的回信中,也以不可辩驳的事实回敬了戴维的指责，维护了斯蒂芬孙的发明权和荣誉。斯特拉思莫尔伯爵在信中写道：

请允许我告诉您:乔治·斯蒂芬孙现在并且多年以来,一直受雇于同我有关的基林沃恩和其他煤矿,而所有这些煤矿里,除了他的发明之外,就没有用过别的安全灯。自从采用这种安全灯以来,在矿井工作的人对这种灯表示完全满意,再没有发生爆炸事故。

对于一位有功劳而又不骄傲的人——这个人一向证明他是雇主们的忠实仆人,而且他的能力如果得到教育的话,将有可能使他在科学史上占有显著的地位,对于这样一个人我应该给予奖励,这难道还有什么奇怪的吗?

没有人能比我更欣赏您的功绩了,但与此同时,我也永远不能允许任何一个有功绩的人,仅仅因为他处于卑贱地位而受到侮辱。恰恰相反,那种情况将会更加促使我努力来保护他免受傲慢的威迫。

戴维碰了软钉子，从此保持沉默。但直到1829年他去世时，仍然固执地认为斯蒂芬孙是个骗子。可叹的是，一个成就显赫、举世闻名的大科学家，当他陷于名利纠葛时，也会掉进是非的陷阱而难以自拔。

这场“安全灯之争”后来一直持续到1833年，英国国会下议院的一个委员会出面调解终告平息。该委员会最后宣布：乔治·斯蒂芬孙的发明经证实是真实的，“当戴维把他那强有力的头脑用到这个问题上之前，斯蒂芬孙实际上早已阐明了安全灯制造原理”，因此发明安全灯的荣誉应由两人分享。

以后数十年中，英国东北部煤矿继续使用斯蒂芬孙发明的安全灯，其余各煤矿则使用戴维的安全灯。有资料显示，戴维设计的安全灯，因其灯头部分容易受热变红，1825年在利兹的一个矿井曾引起一次爆炸，有24人为此丧命。斯蒂芬孙安全灯的灯头周围有一圈玻璃罩，所以从来没有发生过过热现象。

正如《斯蒂芬孙传》的作者亨特·戴维斯所说，这项发明权之争，“对于戴维的骄傲是一次沉重的打击，但是对于斯蒂芬孙来说，安全灯只不过是他在工余的小发明之一，是他全力以赴的大事之间的一段插曲……在整个关于安全灯的争论期间，他已经有了一项更加雄心勃勃的真正开心的设计。而这项工程设计，在他看来将改变世界”。

这就是应运而生的蒸汽机车和轰轰烈烈普及的铁路。

KEXUE JUREN DE GUSHI

# 蒸汽机车与铁路

# 先驱者

*xianquzhe*

最早用蒸汽驱动车子的设想，据说是牛顿提出来的。1680年，这位大物理学家画了一幅原始蒸汽机车的示意图。按照牛顿的设想，盛水的锅炉有一个后喷嘴，当锅炉里的水沸腾时蒸汽向后喷出，车子受到反作用力，于是便向前运动。这正是牛顿作用与反作用定律的体现。牛顿的这个设想，在科学发明史中并没有记载。

牛顿设想的蒸汽动力车

1680年，38岁的牛顿正潜心研究引力问题，说不准他为什么会产生用蒸汽推动车子的奇想。

1769年，法国军事工程师尼古拉斯—约瑟夫·居纽制造出世界上第一辆三轮蒸汽机车。他在车上安装了自己设计的双活塞蒸汽机，想用来牵引作战用的火炮。这辆蒸汽机车被命名为“卡布奥雷”，车长7.32米，高2.2米，车架上放置着一个硕大无朋的锅炉，模样颇为另类。车的前轮直径1.28米，后轮直径1.50米，前进时靠前轮控制方向，每前进10多米需停车加热15分

法国人居纽研制的蒸汽机车

钟,运行速度每小时3.5千米。后来这辆蒸汽机车在试车中撞到石头墙上损坏了。尽管这辆机车设计粗糙,技术也不过关,但却证明了用蒸汽机可以牵引车辆,具有标志性意义。

对发明实用蒸汽机车贡献最大的先驱者,是英国的发明家特里维西克。

特里维西克生于1771年,比斯蒂芬孙大10岁。他是康沃尔矿区一个锡矿主的儿子,受过良好的教育,从学校毕业后在康沃尔矿当上了一名工程师。他研究改进了瓦特蒸汽机,并申请了专利,成为瓦特蒸汽机在英格兰西南部矿区的主要竞争者。特里维西克长得身材魁梧,性子倔强狂热,就像一团熊熊燃烧的火。他是一个富有浪漫色彩的发明天才,脑子里的主意一个接一个,有不少是超前于时代的奇思妙想。

特里维西克

1801年,特里维西克造出了第一辆能在普通路面上开动的蒸汽机车。那一天,他兴致勃勃地邀请了一帮朋友,在康沃尔的坎伯恩路上试车。可惜他运气不好,机车没跑多远,就掉进一条深沟撞断了舵轮,失去控制的机车冲进了一所库房。后来一位朋友透露,为了安慰沮丧的心情,当时特里维西克把那辆机车丢在脑后,带着大伙儿到旅馆喝酒吃烧烤去了,结果机车里的水被烧干,锅炉变得通红,最后机车和库房里的东西被烧得精光。

过了一段时间,特里维西克又造出一辆蒸汽机车,比第一辆机车更大,仍然是在普通路面上行驶。但是这种笨重的机车制动和调速困难,地面不平时会产生猛烈颠簸,车轮圆周上的摩擦力太大,所以在普通道路上跑起来很难控制,横冲直撞的,简直像魔鬼一样可怕。据说特里维西克用它拖着几节货车经过收费站时，收费员看见一个庞然大物开过来，吓得不敢收钱，口中惊呼："魔鬼先生，免费！免费！赶快开过去吧……"

无独有偶，有一个叫默多克的发明家，就是那位提出"太阳和行星"齿轮的默多克，他是瓦特最得力的助手，也制造了一辆三轮蒸汽小机车。他在夜深人静的时候，把机车带到一条僻静的马路上试车。当锅炉里的水沸腾时，机车迅猛地飞跑起来，默多克怎么也追不上。恰巧这时有个神甫路过这里，他看见一个黑咕隆咚、呜呜叫着的东西迎面驶来，料想一定是魔鬼现身，于是大喊："救命呀！救命呀！"人们闻声赶来，才发现实情。默多克从此得了一个"与魔鬼打交道的人"的称呼。由此可见，当时英国公众对蒸汽机车这个新生事物的误解和胆怯心理。

特里维西克从多次试车中发现，普通路面难以承受蒸汽机车的运行，于是他想到可以让蒸汽机车在马车的轨道上行使。1804 年，特里维西克设计制造出世界上第一辆在轨道上行驶的蒸汽机车。这年 2 月 21 日，他在南威尔士彭尼达伦煤矿的一段马车轨道上，成功地进行了试车。特里维西克的这辆机车拉着 10 吨铁和 70 个乘客，在轨道上行驶了大约 14 千米。

有传记作家称："这是标志火车诞生的历史性时刻。尽管这辆机车对路轨来说太重了，因而使用时间不长，但却是斯蒂芬孙后来制造的那种火车头的先驱。"2004 年英国发行的 2 英镑硬币，正面为英国女王肖像，背面镌刻的就是特里维西克制造的世界上第一台蒸汽机车的图案，以纪念这位先驱者。

2 英镑硬币上的第一台蒸汽机车图案

斯蒂芬孙当时 23 岁，在威灵顿矿上当制动手。特里维西克试车的消息传来，给他

特里维西克在伦敦尤思顿广场表演"谁能追上我号"蒸汽机车

留下了深刻的印象。年轻人不禁心驰神往:轰轰烈烈的火车头,遍布大地的轨道,也许有一天能改变这个世界啊!

此后,特里维西克又相继制造了两辆同类型的机车。1808年,特里维西克在伦敦向公众展示了他最新设计的蒸汽机车。他给这辆蒸汽机命名为"谁能追上我号",具有莫大的宣传效果。特里维西克在尤思顿广场上建造了一个圆形的轨道,让这辆蒸汽机车在轨道上奔驰,像马戏团那样进行卖票表演,每张门票1先令,胆大的乘客还可以坐上车转圈。特里维西克独出心裁的表演,在当时曾轰动一时。

可惜的是,人们都把这项发明当作稀奇的玩意儿,并没有人看出它作为交通工具的市场前景。"谁能追上我号"的表演喧闹了一阵,便偃旗息鼓了。由于缺乏商业运作头脑，特里维西克得不到资金支持，他的研究难以为继，再加上他缺乏那种不屈不挠的精神，特里维西克的发明半途而废，最终没能推向市场。

不过，特里维西克成功地使用高压蒸汽，减小了蒸汽机的体积和重量，对蒸汽机车的发展作出了重大贡献。后人公认他是蒸汽机车的先驱者。

特里维西克是个悲剧性的人物。他后来穷困潦倒，1833 年凄凉地死去。“火车之父”的桂冠就落在了乔治·斯蒂芬孙的头上。

“谁能追上我号”蒸汽机车宣传单

## 第一辆实用蒸汽机车

*diyiliangshiyongzhengqijiche*

正所谓时势造英雄。1812 年，斯蒂芬孙被“大联盟”煤炭集团老板任命为煤矿动力机械师，负责管理、维修整个煤矿的蒸汽机。当时，英国的煤矿都用马车运煤，由于英法战争的影响，英国的马匹缺乏，马匹和饲料的价格都成倍增长。为了降低马车运煤的高昂成本，一些煤矿业主寄希望于能代替马匹的蒸汽机车。

在集团老板托马斯·利德尔爵士的鼓励下，斯蒂芬孙投入到蒸汽机车的研究中。斯蒂芬孙的起步虽晚，但起点很高。他认真研究了特里维西克 10 年前制造的那种蒸汽机车，发现其缺点是动力不足，并且使用木轨道，经不住机车行进的重压,容易造成出轨等事故,难以投入使用。

斯蒂芬孙对特里维西克的蒸汽机车进行了改进，于1814年造出了第一辆实用的蒸汽机车。这辆蒸汽机车有两个汽缸,一个2.4米长的锅炉,采用凸缘式车轮,斯蒂芬孙把它命名为“布鲁海尔号”。这是一位普鲁士将军的名字,当时正协同英国和拿破仑打仗。也许斯蒂芬孙希望自己的机车像一员战将,能够所向披靡。1814年7月25日,这辆蒸汽机车进行了首次试车,吸引了不少人来观看。“布鲁海尔号”拉着载重共30吨煤的8节矿车,在基林沃恩煤矿的一条马拉轨道上奔驰,试车取得了成功。有意思的是,驾驶这辆机车的司机,是斯蒂芬孙的弟弟詹姆斯。这让人想起中国的一句俗语:“打虎亲兄弟。”

这次试车虽然取得了成功，但是也暴露出一些问题：一是机车的速度太慢,从基林沃恩煤矿到港口,距离不到16千米,行驶了将近两个小时,比马拉车快不了多少;二是由于没有装配减震弹簧,车开起来震动得厉害,部分路基都被震塌了。有点喜剧的是,机车排放废气时声音尖厉,沿线附近的牲口被吓得乱跑乱叫,引起农民的恐慌。一些原来支持试车的官员,也开始打退堂鼓,担心蒸汽机车作为交通工具行不通。

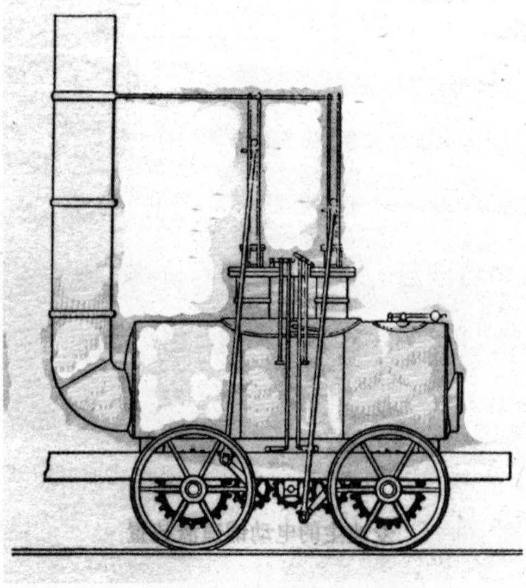

“布鲁海尔号”示意图(1814年)

斯蒂芬孙总结经验教训，对机车进行了改进。在车轴上安装了减震弹簧,减轻了机车行驶时的震动。为了提高锅炉的受热面和蒸汽量，加大机车的牵引力和延长锅炉的使用寿命，斯蒂芬孙在锅炉里增设了20多根小烟管,让炉膛里冒出来的高温烟气,从小烟管排放出去,既提高了热效率，又降低了排废气时产生的轰鸣。这就是现代火车采用的火管式锅炉的雏形。

1815年,斯蒂芬孙为改进的蒸汽机车申请了专利。接着,他又制造了两辆经过改进的蒸汽机车,分别命名为“威灵顿号”和“主宰号”。机车的牵引力和行驶速度都有了明显提高。经过多次实验,斯蒂芬孙发现新蒸汽机车虽然重量大大减轻,但仍然经常压裂木轨道。

于是,斯蒂芬孙开始把研究的重点,转移到制造一种坚硬度适宜的铸铁轨道上来。这是斯蒂芬孙后来脱颖而出,最终获得成功的非常关键的一步。斯蒂芬孙之前的发明家,都把精力集中在研制火车头,即蒸汽机车上,往往忽略了配套设施,而一旦火车的附属问题暴露出来,又被迫放弃整个研究。与他们不同的是,斯蒂芬孙认识到,火车这种新型交通工具实际上是一个系统工程,“车”和“道”缺一不可,同等重要。

斯蒂芬孙在威廉·洛什的帮助下,终于研制成功一种铸铁轨道,并同洛什一起申请了专利权。由木轨改为铁轨,解决了火车发明成功的一个关键问题。威廉·洛什是泰恩河地区的知名人士、一位富有教养的绅士企业家,经营着一家大型铁器厂。在安全灯的纠纷中,他曾坚定地站在斯蒂芬孙一边。如今他又成为斯蒂芬孙开发铁路的合作伙伴。

斯蒂芬孙不断改进蒸汽机车,加上他和洛什共同研制的铁轨,使斯蒂芬孙将火车的应用大大向前推进了一步。在此后的五六年里,斯蒂芬孙先后制造了16辆蒸汽机车,质量也越来越好,他和洛什研制的铸铁轨道,不久就在纽卡斯尔矿区推广开,并被别的矿区采用。亨特·戴维斯评论说:“他以那么快的速度制造机车,而且每一辆机车都有一些新的发展,使别的工程师只能自叹不如。他们当中的绝大多数,或者拒不相信听到的情况,或者坚信这些机车会落得灾难性的下场。”

然而事实证明,凡是采用了蒸汽机车的煤矿,运输效率都大大提高,充分体现了斯蒂芬孙蒸汽机车的优越性。

1819 年,斯蒂芬孙在纽卡斯尔附近的黑顿矿区铺设了第一条全新的铁轨路。这条铁轨路全长 12.8 千米,其中有 2.4 千米的山坡地段,安装了 3 台固定动力机来提供动力向坡上牵引,另有 4.8 千米的路段靠自动滑行,其余的路段则全用蒸汽机车牵引。工程竣工后,在新轨道上举行了试车仪式,由斯蒂芬孙亲自驾驶机车,弟弟詹姆斯给他做助手。机车的后面挂了 17 节满载的车厢。人们从四面八方赶来观看,铁轨两旁站满了人。只听见一声汽笛,在人群的欢呼声中,斯蒂芬孙从容地驾驶着这列火车,以每小时 9.6 千米的速度行进着。从这一刻起,当地人开始相信铁路的可行性和商业价值。

斯蒂芬孙的蒸汽机车和这条新铁路,吸引了英国的工程师纷纷前来参观,令他们大开眼界。一位爱丁堡的工程师罗伯特·史蒂文赞叹说:“纽卡斯尔人斯蒂芬孙先生的专利发明,尤其是他的蒸汽机车,是铁路系统最惊人的进步。”

不过,斯蒂芬孙的发明这时还只局限于用在煤矿,尚未在全国范围引起兴趣,公众对蒸汽机车的关注和热忱还没有高涨起来。要让火车和铁路普及开来,还有一段很长的路要走。



## 贵人爱德华·皮斯

guirenaidehuapisi

1821 年 4 月 19 日,英国议会通过了修建斯托克顿—达灵顿铁路的议案。在世界铁路史上,这是一项意义重大的提案,因为它是世界上第一条公共铁路。

修建这条铁路的发起人名叫爱德华·皮斯。他是一位具有远见卓识的达灵顿富商,当年 54 岁。达灵顿位于纽卡斯尔以南 48 千米,是一座人口仅5000

多人的小城，也是英格兰东北部的羊毛业中心。皮斯家族就是经营羊毛生意起家的，后来扩展到煤矿等其他行业。皮斯是一个有社会责任感的商人，又是一位虔诚的清教徒。他在经商获得成功之后，积极投身社会活动，致力两件事：一是反对贩卖奴隶运动，二是竭力主张修建铁路。皮斯认为，如果从达灵顿附近的南达勒姆煤矿到提兹河入海口之间，修一条廉价的新运输线，将会大大降低居民和工业用煤的价格，这会给他的家乡带来好处，并促进整个地区的经济发展。

在皮斯的倡导和积极推动下，1818 年 11 月，在达灵顿举行了斯托克顿—达灵顿铁路委员会议，成立了世界上第一条公共铁路董事会。按照董事会最初的计划，这是一条公共马车轨道（即用马车来拉煤和载客）。公司的总股金为 12 万英镑，其中四分之三以上来自达灵顿地区，皮斯家族的 4 位成员（包括皮斯）共认股 3.9 万英镑；其余的股东来自斯托克顿、伦敦和诺里奇。皮斯的睿智和英明就在于，这个项目从一开始就是商业运作，有雄厚的资金做保障。

由于当时人们对铁路大多一无所知，再加上新的运输线涉及许多土地所有者的利益，修建斯托克顿—达灵顿铁路的议案遭到了各方反对。董事会派出包括皮斯在内的知名人士奔赴伦敦，到国会游说，争取议员们的支持，但是阻力依然存在。1819 年，这项议案在议会以 13 票之差被否决（106 票反对，93 票赞成）。皮斯和合作者们遗憾之余仍备受鼓舞，他们开始着手进行第二次勘测，打算对线路作适当

爱德华·皮斯

调整，然后向议会提交新的议案。

真是好事多磨。接着，由于英王乔治三世的卧病和驾崩，事情被搁置了一年多。尽管有个别人打退堂鼓，皮斯始终坚信这条铁路一定能成功修建。在筹划新议案的过程中，公司花费了大量资金用于律师费和赔偿土地所有者，还有勘测费和做商务宣传等。到了 1821 年 3 月，新议案即将提交议会前夕，在伦敦的首席律师纽伯恩发现，公司还差 1 万英镑的资金。按照当时的规定，一项议案在提交议会之前，这家公司股金的五分之四必须被认购落实。纽伯恩先生找诺里奇的股东求助，但他们不愿再增加投资，伦敦的银行家们也不愿解囊。纽伯恩走投无路，写信向皮斯报告说："如果三天之内还凑不齐这笔款项，新议案只好泡汤了！"在紧要关头，皮斯毅然决定自掏腰包，拿出 1 万英镑，从而挽救了这条铁路。他也因此成为最大的股东。

1821 年 4 月 19 日，这项长达 67 页的议案终于获得议会批准。

巧合的是，恰好在这一天，斯蒂芬孙前来达灵顿拜访皮斯。这一次历史性的会见，造就了两个铁路巨人此后的辉煌合作。他们一个是矿工出身的大老粗，文化不高，但却是创造了蒸汽机车奇迹的发明家；一个是实力雄厚、经营有道、目光远大的实业家。斯蒂芬孙的形象粗鲁、说话率直，带着浓厚的诺森伯兰口音。皮斯老成持重，沉稳严肃，颇有绅士风度。但是共同的铁路梦想，使两人一见如故，一拍即合。

斯蒂芬孙早听说过皮斯的斯托克顿—达灵顿铁路计划，他认为这是世界上第一条公共铁路，如果建成了意义非常重大。

"先生，我听说您的这条新线路，设计的是一条公共马车轨道。"

"是的。"皮斯回答说，"用马拉货车运煤平稳轻便，又快又安全。"

"先生为什么没想过采用蒸汽机车呢？"斯蒂芬孙问。

"哦，蒸汽机车，我听说过！那种轰隆隆的庞然大物，能在马车轨道上跑吗？”皮斯质疑道。

“当然能，先生。我在基林沃恩煤矿的铁路上已用了好几年了。一辆蒸汽机车至少顶得上50匹马！”

“哦！真的吗？”皮斯将信将疑。

“我这可不是说大话哦！”斯蒂芬孙狡黠地笑了笑，“到基林沃恩来看看我的‘布鲁海尔号’有多大威力吧。先生，眼见为实啊！”

皮斯说，他一定抽空去基林沃恩参观。

“在马车轨道上，真的能够跑蒸汽机车吗？”他还有点不放心。

“当然能，先生。如果把马车轨道的木轨全部换成铸铁轨道，就能承载蒸汽机车了。”斯蒂芬孙拍着胸脯说，“我们在黑顿矿区铺设的新铁轨道，就是这样做的。”

发明家的一席话让皮斯顿时开了窍，他终于被斯蒂芬孙说动了。一条公共马车轨道和一条公共蒸汽机车轨道，其功能和价值有天渊之别啊！

“斯蒂芬孙先生，你这个意见很宝贵。我们会考虑的。”皮斯向斯蒂芬孙致谢。斯蒂芬孙来拜访的当天，议会审议的消息还没有传来。所以在送客时，皮斯随意说道，这条铁路的议案还没有批下来，障碍不少。

斯蒂芬孙对他说：“先生，我多少懂点颅相学。从您的头部形状我能断定，您是一个坚定不移的人。只要您专心致力这条铁路，您一定会将它成功地进行到底。”斯蒂芬孙并没有给人看过相，他这么说纯属心血来潮，给皮斯鼓劲。

“谢谢你的吉言。”皮斯笑道。

没想到，斯蒂芬孙的话当天就应验了。皮斯接到了铁路议案被批准的消息，第二天就给斯蒂芬孙写信，邀请他为这条铁路进行全面勘测。斯蒂芬孙回信表示，虽然工作很忙，但愿意承担勘测任务，争取在议会法案规定的时间期限内，提出一条最好的路线，并协助修建铁路。

18世纪欧洲盛行的马拉轨道车

斯蒂芬孙竭力向皮斯推荐在黑顿矿区铺设的铸铁轨道。他知道要说服铁路公司采用他制造的蒸汽机车而不是马车，就必须让铁路公司下决心使用他的铁轨。皮斯虽然对蒸汽机车颇为向往，但当时蒸汽机车在速度方面还没有多大优势，所以公司初创时采用的徽记仍是一匹马在轨道上拉着4节矿车，还有公司的格言“牺牲小我，为公众服务”，指的也是使用畜力。这说明铁路公司大部分人对马车情有独钟，可见传统势力的强大。

7月，斯蒂芬孙被委任为铁路公司的工程师，负责勘测、修建这条铁路。公司付给他的酬劳为年薪600英镑，并同意他继续担任“大联盟”煤炭集团原来的职务。

10月，待田里的庄稼全部收割完毕后，斯蒂芬孙带着两个助手开始进行勘测：一个助手是26岁的年轻人迪克逊；另一个是他18岁的儿子罗伯特，当时刚结束在伍德那里的实习。一项伟大的公共铁路工程，就这样揭开了序幕。

## 斯托克顿—达灵顿铁路

*situokedundalingduntielu*

经过两个多星期的跋涉,斯蒂芬孙初步完成了野外的勘测工作。到 1822 年 1 月,完成了全部勘测。他设法将铁路线路比上一次勘测的路线缩短了 6.4 千米,并选择了一些坡度不大的路线。在勘测中,斯蒂芬孙仍念念不忘要在这条铁路上跑蒸汽机车。铁路公司当时还没有最后拍板,但斯蒂芬孙深信他的提议一定能够获准。斯蒂芬孙在给一位大力推动铁路的知名人士威廉·詹姆斯的信中说:"我们十分期盼这条铁路能够行驶蒸汽机车。"

这条铁路采用什么轨道材料,是至关重要的。当时斯蒂芬孙和洛什制造的铸铁轨道已经广泛使用,订货的很多。但在 1821 年,靠近莫佩思的贝德林顿炼铁公司的一位工程师约翰·伯金绍发明了规制 4.5 米长的锻铁钢轨,并取得了专利。斯蒂芬孙前往贝德林顿炼铁公司参观后,确信这种锻铁钢轨性能优于他所发明的铸铁轨道,于是,他向铁路公司建议购买伯金绍的锻铁钢轨。如果购买自己制造的铸铁轨道,他会有一大笔收入,但是斯蒂芬孙决心在这条铁路上采用蒸汽机车,那么轨道就是头等大事。根据他的经验,使用延展性强的锻铁钢轨更加合适。尽管锻铁钢轨价格较高,他自己也会因此蒙受经济损失,但他还是建议应该铺设这种钢轨。斯蒂芬孙在给公司董事们的信中说:"我得讲真话,虽然指定用我自己的专利轨道将会使我的腰包增添 500 英镑,但当我对锻铁钢轨的优越性有了体验后,我认为还是不能那样做。"

公司采纳了斯蒂芬孙的建议,决定在大部分路段采用锻铁钢轨。董事们被他的诚实和高尚品格所感动。

斯托克顿—达灵顿铁路的修建是铁路工程上的创举。斯蒂芬孙为此立下了不少规则，在之后的两百年里，仍然是铁路工程上遵循的规范。例如，铁轨宽度为 4 英尺 8.5 英寸，合 1.435 米(现在轨距即为 1.435 米)，至今英国和世界上大多数国家都采用此标准。

斯蒂芬孙对于枕木的设计和选购也非常重视。他亲自去伦敦查验和购买橡木，到矿山选购石料，到南威尔士购买部分铁轨。凡是修建铁路使用的建材规格、价格和合约，都由斯蒂芬孙最后拍板，以保证质量。斯蒂芬孙终年奔忙在修筑铁路上，甚至顾不上给刚结婚两年的妻子贝蒂写信。贝蒂完全理解斯蒂芬孙的工作，她为自己的丈夫感到骄傲。

1822 年 5 月 23 日，在斯托克顿举行了第一段铁轨的铺轨仪式。仪式由铁路公司董事长托马斯·梅内尔主持。这一天钟声荡漾，河里的船只汽笛齐鸣，礼炮声不绝于耳。全市的居民都涌上街头游行，隆重庆祝这条铁路开工。走在队伍前列的是二三百名铁路工人，他们扛着铁锹、镐头，一个个雄赳赳，气昂昂。斯蒂芬孙的弟弟詹姆斯和约翰也在其中，他们是世界上第一批修筑铁路的工人——伟大的开路先锋。在此后的几十年里，斯蒂芬孙的这支修路队伍，曾经出现在欧洲各地，修筑了一条又一条铁路。斯蒂芬孙的助手和那些技术熟练的工人，大都成为优秀的铁路工程师。

斯蒂芬孙 8 岁就当牧童，任务是看管牲口，以免牲口撞上运煤的马车。对轨道的安全，他儿时就深有体会。斯托克顿—达灵顿铁路是一项大工程，它要经过许多城镇、乡村，穿越很多公共或私人用地。为了保障铁路沿线人畜的安全，斯蒂芬孙要求承建商沿铁路线垒筑石墙或架起木桩篱笆。

在修筑斯托克顿—达灵顿铁路中，斯蒂芬孙还设计建造了跨越冈利斯河的铁路大桥，这是世界上第一座铁路大桥。这座桥有 15 米长，每侧有 4 个桥拱。桥梁的遗址现在还保存完好。另一座跨越斯克勒河的铁路桥，是请建筑师

斯托克顿—达灵顿铁路通车典礼(油画,英国画家多宾绘)

博洛米设计的。按照董事会的要求,这座桥全部用石头建成,造型壮观雄伟。在英国画家多宾的铁路通车油画中,可以一睹这座铁路桥梁的雄姿。

董事会对铁路工程的进展很满意,终于决定在这条铁路上使用蒸汽机车。由于议会通过的议案中,只写了使用“人力或者马匹”牵引货车,并没有提到任何蒸汽机车。为此,公司向议会提交了一项补充议案,要求允许在斯托克顿—达灵顿铁路上使用机车。

1823 年 5 月 23 日,恰好在铺轨仪式举行一年之后,议会通过了这项补充议案。斯托克顿—达灵顿铁路因此成为世界上第一条使用蒸汽机车的公共铁路。

同年 6 月,由斯蒂芬孙父子、皮斯和生产锻铁钢轨的朗里奇共同出资,组建了一家机车制造厂,专门生产蒸汽机车。有意思的是,这家公司的名字是以斯蒂芬孙儿子的名字命名的——“罗伯特·斯蒂芬孙公司”。公司的股金为 4000 英镑,其中皮斯出资 1600 英镑,其余三人每人出资 800 英镑。而在罗伯

"旅行 1 号"机车

特的出资中,有 500 英镑是皮斯借给他的。19 岁的罗伯特被任命为主管合伙人。当时铁路还没有修成,大多数工程师都认为蒸汽机车永远成功不了,皮斯愿意出这么多钱,显示了一个大实业家的魄力,也足见他对斯蒂芬孙的极大信任。

他们在纽卡斯尔的福思街选好了厂址,雇了一些工人,开始制造蒸汽机车。铁路公司订购了两台,每台价格 500 英镑。这时,斯蒂芬孙把贝蒂从基林沃恩矿区的乡村接到纽卡斯尔市,在埃尔登街安下新家。这里离福思街不远,斯蒂芬孙可以就近照应工厂。夫妻终于团聚,日子过得非常美满。

新蒸汽机车由斯蒂芬孙负责设计。

他首次在机车的对轮上采用了联轴组装,使机车的性能比过去大为提高,运行也更平稳,已经初具现代蒸汽机车的雏形。

发行的斯蒂芬孙"旅行 1 号"纪念邮票

经过三年多的努力,这条全长 32 千米的斯托克顿—达灵顿铁路终于如期建成。1825 年 9 月 27 日,举行了隆重的通车典礼。

斯托克顿—达灵顿铁路通车典礼(素描)

早晨9时,斯蒂芬孙亲自驾驶着他制造的蒸汽机车“旅行1号”,拉着33节车厢和450多名乘客,以每小时近13千米的速度从达灵顿驶向斯托克顿。列车全长122米,前面是火车头“旅行1号”机车和它的附属煤水车,其次是6节货车,其中5节装有煤炭,1节装着面粉;接着是1节铺着地毯的客车车厢,里面坐着公司的董事和老板;再往后是6节客车车厢,里面坐满了其他贵宾;接着是14节满载着工人的客车;最后是6节装着煤炭的货车。整列火车共载重90吨。跟在“旅行1号”列车后面的是24辆马拉的货车,上面坐满了员工。

在列车前面,有数名骑士手执旗帜,提醒前方的观众“火车来啦”,列车上悬挂着4面大旗,其中一面上绣着大字:“愿斯托克顿—达灵顿铁路满足公众需要,并使它慷慨的发起者们得到报偿。”

通车典礼盛况空前。成千上万的观众从方圆数里的地方坐车、骑马或步行

圣马力诺发行的通车典礼邮票

赶来观看列车运行。当"旅行1号"发动时,锅炉喷出蒸汽发出一声吼叫,看热闹的老人、妇女和儿童吓得四处奔跑,以为锅炉要爆炸了。他们站在远处观看了一会儿,发现没有动静,又鼓足勇气回到原来的地方,看着这匹"铁马"拉着长龙般的列车奔驰而去。列车行驶中途,时速最高曾达到21千米。当列车到达斯托克顿时,受到一万两千名观众的欢迎。致敬的礼炮齐鸣,聚集的人群高呼"万岁"。1964年圣马力诺曾发行了一枚很珍贵的纪念邮票,面值3里拉(里拉是当地的货币单位),其画面真实地再现了当时铁路通车典礼时的盛况。

这一天被公认为是世界上第一条运营铁路的诞生日。这是铁路运输史上一件划时代的大事,世界上第一条公用铁路就这样宣告诞生了!

KEXUE JUREN DE GUSHI

# 丰 碑

## 利物浦—曼彻斯特铁路

*liwupumanchesitetielu*

斯托克顿—达灵顿铁路的通车，标志着一个新纪元的开始。它是当时最先进的一条铁路线，使用蒸汽机车牵引，并且向公众开放。但斯托克顿—达灵顿铁路主要是作为一条煤矿线路设计的，具有一定的地方性。

接下来，斯蒂芬孙负责修建了利物浦—曼彻斯特铁路。这是一项更伟大的铁路工程。它在许多方面都超过了斯托克顿—达灵顿铁路，不仅规模宏大，费用高昂，施工难度也更高。这条全长48千米的铁路，把英格兰西北部的两座重要城市连接起来，使用的蒸汽机车速度是达灵顿铁路的4倍，而且可以运送客人。因此，利物浦—曼彻斯特铁路从一开始修建就吸引了全世界的关注。

利物浦位于英格兰西北部默西河口东岸，是英国的国际贸易中心和重要的商港。曼彻斯特位于英格兰西北部的平原地区，东部临近奔宁山脉，是英国棉纺织工业的发祥地，也是世界上第一座工业化城市。在19世纪初的20年间，随着工业革命的兴起，这两座城市发生了惊人的变化。利物浦的人口，从1790年的5.5万人，增加到1821年的11.9万人；而曼彻斯特的人口，也从5.7万人增加到13.3万人。曼彻斯特是英国最大的纺织中心，在工业革命的推动下，对棉花的需求量大增。从美国进口的原棉经大西洋运到利物浦港，再经河道运到内地的曼彻斯特及其周边的纺织厂。河运的成本很高，航运公司从中赚了大钱。

为了打破航运公司的垄断，1797年有人提出在利物浦和曼彻斯特之间修建一条马拉车轨道，并作过测量，但没有找到投资人。1820年，一位名叫托马斯·格雷的作家建议,应该修建利物浦—曼彻斯特的蒸汽机车铁路,因为这是一条繁忙的贸易线,效益会非常好。1821 年,那位铁路鼓动家威廉·詹姆斯读到格雷的文章,特地来到利物浦,拜会当地的谷物巨商约瑟夫·桑达斯,并进行演说,宣传蒸汽机车的优越性。他有一句名言流传很广:“由于铁路蒸汽机车运输的快速和廉价,空间的概念几乎不存在了。铁路所到之处,必将给当地赐福。”在这之前,威廉·詹姆斯还到基林沃恩拜访过斯蒂芬孙,参观了他的蒸汽机车。威廉·詹姆斯感叹道:“用不了多久,这种机车必将改变世界。”他称赞斯蒂芬孙是“当代最伟大的天才实干家”。

威廉·詹姆斯的鼓动在利物浦产生了积极反应。紧接着,斯托克顿—达灵顿铁路开始修建,给利物浦提供了一个榜样。在詹姆斯和桑达斯的倡导下,1822 年利物浦—曼彻斯特铁路董事会成立,并提出了修建方案。

但是这条铁路的勘测,从一开始就遇到了麻烦。

最初负责铁路勘测的不是别人,正是威廉·詹姆斯,酬劳是每英里(1 英里相当于 1.6 千米)10 英镑。詹姆斯是一个房地产经纪人,并不懂铁路工程。他为什么会接受桑达斯和合伙人委托的这个重任呢?也许是因为对铁路的狂热,也许是受利益的驱动。但是詹姆斯的长项是鼓动宣传,要真刀真枪地上阵修铁路,他完全是个外行,结果,他的勘测进展十分缓慢,一拖再拖。董事会写信催问多次,他却迟迟拿不出勘测报告。1823 年,因为一场债务纠纷,詹姆斯被自己的姻兄告上了法庭,被宣告破产,在监狱里蹲了 7 个月,他的铁路梦也随之破灭。

1824 年 5 月 19 日,铁路董事会正式聘请斯蒂芬孙为总工程师,对这条铁路进行勘测。约瑟夫·桑达斯亲自写信给斯蒂芬孙和皮斯通知这个决定,唯恐斯蒂芬孙被别的公司先聘走。

斯蒂芬孙欣然接受了聘请,开始对利物浦—曼彻斯特铁路进行勘测,儿子罗伯特做他的助手。斯蒂芬孙发现，与达灵顿铁路的勘测相比，这条线路的工作要艰难得多。由于受保守的“河运派”势力的挑唆，当地人把铁路看作洪水猛兽。一些男人、女人和小孩向他们扔石头，并扬言要把他们丢进矿井里去。拿着经纬仪的队员，经常成为人们袭击的目标。无奈之下，斯蒂芬孙雇了一位职业拳击手给勘测队当保镖，结果在一次遭袭时，仪器还是被砸坏了。

1824 年底，斯蒂芬孙克服重重困难，完成了利物浦—曼彻斯特铁路的勘测。1825 年 2 月，斯蒂芬孙提出了这项工程的费用预算，包括建筑铁路和购买机车车辆在内，总计 40 万英镑。这个费用虽然比威廉·詹姆斯的估算高出 10 万英镑，但铁路公司认为这个方案确实可行，于是宣布将向英国议会正式提交议案，并在当地报纸上发起宣传攻势。强大的保守势力不甘心失败，也在报纸上掀起了一场反对修建铁路的“浊浪”。他们宣称蒸汽机车将使孕妇流产，奶牛不吃草，母鸡不下蛋，并杀绝飞鸟，污染空气，引发火灾，致使乡村旅店关门，农民的房屋被烧毁，大批农田被破坏，燕麦和饲料卖不出去，等等，蓄意引起公众对修建铁路的恐慌。

1825 年 3 月，英国议会对利物浦—曼彻斯特铁路议案进行了讨论。持赞成和反对意见的议员们展开了激烈的辩论。反对派事先作了充分准备，他们聘请工程专家研究了斯蒂芬孙设计方案里的每一个细节，从中挑漏洞，还请来 8 位法律顾问出庭盘诘斯蒂芬孙。

斯蒂芬孙是第一次经历这种场面，他没有接受过正规教育，不善言辞，再加上他说话带有浓重的地方口音，总引起人们发笑。面对对方有关蒸汽机车咄咄逼人的质问，他的答辩很被动，结果，斯蒂芬孙被彻底击败。最终，议案未被议会通过。

反对派弹冠相庆。一位打头阵的议员得意忘形地对记者说：“铁路这个魔鬼终于被扼杀了。昨天这场辩论已把它逼进了死胡同。”

在议案被否决之后，利物浦—曼彻斯特铁路公司决定解聘斯蒂芬孙。这段时间是斯蒂芬孙一生中最低谷的日子。一种严重受挫和被抛弃的感觉，使他陷入迷惘中。从不退缩的他第一次感到身心交困，“我怎么这么笨啊！”他骂自己。贝蒂极力安慰丈夫：“亲爱的，这不是你的错，是反对派那帮家伙太厉害了。”

铁路公司另外聘请了名气很大的伦尼兄弟负责这项工程。他们重新进行了勘测，略微调整了一下线路，避开了一些强烈反对者的土地，预算报价为 50 万英镑。同时铁路公司与其他阻挠者进行沟通，承诺给他们利益上的补偿。公司还采取策略，在新的议案里尽量淡化机车，在足足 200 项条款的议案里只有一条提到了蒸汽机车。“董事会深知，必须把这个怪物藏起来，不让公众知道。”

1826 年 5 月 5 日，新议案以 40 票赞成、5 票反对获得通过。董事会聘请伦尼兄弟负责铁路的修建。但伦尼兄弟却以工作太忙为由推辞，并且提出过高的要求。

这时，董事会想重新启用斯蒂芬孙。1825 年 9 月 27 日斯托克顿—达灵顿铁路的通车，斯蒂芬孙的才能得到充分展现。大家都觉得他才是修建利物浦—曼彻斯特铁路的最佳人选，他们询问斯蒂芬孙是否还愿意负责修建利物浦—曼彻斯特铁路。

斯蒂芬孙再次接受铁路公司的聘请，担任了这个项目的总工程师，年薪为 800 英镑，次年又提高为 1000 英镑。

斯蒂芬孙带着他的助手和团队，从北方来到利物浦。铁路修建正式动工。

有 9 个桥拱的桑基高架桥

这是一条采用标准轨距的铁路复线，铁路全线共有63座桥梁，全部都由斯蒂芬孙设计，其中难度最大的是有9个桥拱的桑基高架桥，高度为21米，单墩跨度15米。还有一条最长的隧道，长达2千米，需要挖掘的土石方高达50多万吨，是世界上第一座开凿于都市地下的铁路隧道。另外，还有一条3.2千米长的橄榄山隧道，施工难度也很大。除此之外，在通过查特莫斯泥沼地时，斯蒂芬孙率领工程师们解决了许多工程难题。铁路专家评价说，这条铁路的修筑开创了若干个铁路工程史上的里程碑，它为以后的铁路修建提供了若干教科书式的标准范本和宝贵经验。

工程异常艰巨，斯蒂芬孙全身心地投入工作，每天几乎人不解甲，马不停蹄。早晨5点，他就骑着从基林沃恩带来的那匹爱马，去检查隧道或高架桥或泥沼地的工程；8点回到住宿的农舍，喝一碗麦片粥作为早餐；然后，再度巡视工地；下班返回利物浦住所，继续和他的助手、学生们讨论绘图和设计，并口授秘书写信函及报告等，一直忙到深夜才休息。

由于这项工程的投资巨大，利物浦—曼彻斯特铁路的修建资金，采用发行股票的形式进行募集。让大多数投资者意想不到的是，这条铁路营运后的效益非常好，不但货运列车终日川流不息，而且客运效益也很可观，可以说是“汽笛一响，黄金万两”，原始股持有者一个个都发了财。

利物浦—曼彻斯特铁路通车后的繁忙景象

1830年9月15日，利物浦—曼彻斯特铁路顺利通车。这一天，在利物浦举行了隆重的通车典礼，当地的政府要员和显贵都到会祝贺，首相威灵顿公爵也亲临现场，几万名观众参加了这一盛典。

当天，共有8辆机车分别牵引着总共30多节车厢参加了庆典，每一辆机车都有不同的颜色。49岁的斯蒂芬孙亲自驾驶着最新型的“火箭号”机车，担任领队。威灵顿公爵坐在一辆特制的车厢里，厢顶涂着金漆，四周围着深红色帷幔。其他700多名显贵和政府要员分别乘坐在各个车厢里。在礼炮和人群的欢呼声中，车队从利物浦向曼彻斯特驶去。铁路两侧挤满了观众，人们欢呼送行。列车驶达终点时，数万名观众脱帽庆祝，欢声雷动。

## “火箭号”夺冠

*huojianhaoduoguan*

这次试行采用的是斯蒂芬孙制造的新型机车“火箭号”，时速已提高到每小时57.6千米，创造了新的纪录。

这种新型机车是斯蒂芬孙和儿子罗伯特共同研制的，对确保1830年利物浦—曼彻斯特铁路的顺利通车，起到了开路先锋的作用。

1828年是修建利物浦—曼彻斯特铁路最艰苦的一年。建筑工程艰巨，资金严重短缺，社会上的反对声不绝于耳。铁路公司向英国政府申请贷款10万英镑，政府方面派了一位专员，对利物浦—曼彻斯特铁路工程的实情进行考察。这位专家名叫托马斯·特尔福特，已72岁高龄，设计过许多路桥和运河等大型工程，在英国和欧洲都享有盛名。但这位名望很高的权威，对蒸汽机车的优越性并不了解，因此他否定在这条铁路上用蒸汽机车作牵引，认为应在全线使用固定动力机作牵引。而斯蒂芬孙的设计方案，只有在部分斜坡地段才使用固定动力机及绳索牵引车厢，主要动力仍靠蒸汽机车。特尔福特的这一意见，等于宣判了蒸汽机车的死刑，对斯蒂芬孙的方案不啻是毁灭性打击。铁路公司董事会里，也有人产生了动摇。

斯蒂芬孙的愤怒可想而知，有朋友形容说“他就像被马刺扎痛的一匹烈马”。但是斯蒂芬孙竭力克制情绪，以超常的冷静撰写了一篇四千字的反驳文章，论述了特尔福特的观点是错误的，并阐述了蒸汽机车在牵引、速度、经济和价格等方面比较优越的理由。文章中列举了各种数字和图表，具有很强的说服力。

为了慎重起见，董事会又请了两位工程专家沃克和拉斯特拉克，进行了一次独立调查。第二个考察团到达后，审阅了工程方案，检查了账簿，并检验了机车的速度，于 1829 年 3 月提出了调查报告。他们提供了一个统计数据：用固定动力机，把 1 吨货物运输 48 千米的成本为每英里 6.4 便士，而用蒸汽机车运输则需 8.3 便士。最后的结论是赞成使用固定动力机。

这份报告保留的唯一希望是，没有把蒸汽机车一棍子打死。报告里有一句话承认：“在蒸汽机车的制造和使用方面期待有所改进。”

于是，1829 年 4 月董事会郑重作出决定，公开宣布：“悬赏奖励制造一种最好的蒸汽机车”，将根据它们的速度、重量、动力、消耗和排烟的情况进行评定，获得冠军的机车将得到 500 英镑奖金。比赛定于 1829 年 10 月，在公司已完工的雷恩希尔铁路段举行。

对斯蒂芬孙父子来说，这个决定正中下怀——把他们的新式机车拿到公众面前表演，正好可以向全世界展示蒸汽机车的优越性。罗伯特心中充满斗志，他在给朋友的信中说：“请你相信：蒸汽机车是不会被轻易放弃的。我将为它战斗到底！而且也值得为它进行一场战斗。”

雄心勃勃的参赛者，并不只有斯蒂芬孙父子俩。据公司的财务总监称，“到比赛那天为止，公司收到世界上几乎所有发疯的发明家寄来的建议，都想向全世界展示本领”。

斯蒂芬孙设计的“火箭号”蒸汽机车

斯蒂芬孙父子加紧制造参赛的新型机车，并把它命名为“火箭号”。机车在纽卡斯尔的工厂制造，由罗伯特主要负责。“火箭号”机车的重大改进是采用了多管锅炉，即用 25 根直径 7.6 厘米的铜管并列直贯锅炉的两端，加大了机车的功率。另一个重要改进是采用排气管，将废气从汽缸中引进烟囱再排出去，这样大大增加了烟囱的抽力和所保持的压力。“火箭号”前往赛场的路线，是颇有意味的。当时铁路尚在孕育中，这辆火车头造好后只能被拆成零件，装上马车运到卡莱尔，再从那里用驳船通过运河运到博尼斯，然后从海上运抵利物浦。

原计划有 10 辆机车参加比赛，但在 10 月 8 日开赛时，有五辆机车未能准时赶到。在赛场上，五辆簇新的“铁马”被漆成五种不同的颜色。按照比赛规定，每辆机车必须完成 20 次往返，全程总共 96 千米。参加比赛的条件之一是机车总重量不得超过 6 吨。

这五辆参赛机车分别是：

一号：伦敦市布雷思韦特·埃里克森工厂制造的“珍奇号”机车，铜绿色，重 2 吨。

二号:达灵顿市哈克沃思工厂生产的“无敌号”机车,绿、黄、黑三色,重4吨。

三号:纽卡斯尔市罗伯特·斯蒂芬孙工厂制造的“火箭号”机车,黄、黑两色机身,白色烟囱,重4吨。

四号:利物浦市布兰德雷恩先生制造的“环球号”机车,黑色,重3吨,由马匹牵引。

五号:爱丁堡市伯斯塔尔先生制造的“坚定号”机车,红色车轮,重2吨。

来自爱丁堡的“坚定号”,因马力不足,表现疲软,而且在运来的途中受到碰损,试车时一直跑不好,所以很快就退出了比赛。“环球号”只用一匹马作动力,牵引的方法别出心裁,颇为搞笑,只见一匹马在机车的活动平台上迈步,如同畜力磨粉机那样带动车轮。它的出场只能算是娱乐表演。

哈克沃思工厂的“无敌号”,名号很响亮,但是由于零件质量不过关,跑起来故障频发,经常抛锚。

真正能对斯蒂芬孙的“火箭号”构成威胁的,是来自伦敦的“珍奇号”。它被认为是所有参赛机车中最漂亮、最轻巧的,一出场就受到观众们的青睐。它用了7个星期赶制完成,制造者之一是位瑞典发明家。因为伦敦地区没有铁路,还未试过车。

对斯蒂芬孙来说,这次比赛是他研制蒸汽机车15年来最重要的时刻,是对他的严峻考验,也是用事实证明他的蒸汽机车优越性的一次机会。如果“火箭号”比赛失败,也许人们还会请他修建更多的铁路,但不会有人用他的火车头了。

对大多数观众来说,这场比赛却是一次盛大的节日。

上午10时,斯蒂芬孙的“火箭号”出场。在一万五千名观众面前,这辆结实坚固的机车拉着12吨重的货车,以每小时16千米的速度前进,立即吸引了观众的眼球。当货车与它脱钩后,机车速度可提升到29千米。“火箭号”的缺点是速度不够均匀，煤烟消除未达到理想状态。

"火箭号"机车夺冠

"珍奇号"上场时，惊人地用 1 分 53 秒跑完了 1.6 千米，而且速度均匀，引来观众们一片赞叹声。但在第二个行程，"珍奇号"机车锅炉出了故障，耽误了很长时间。直到第一周的最后一天，才完成 4.8 千米的行驶。接着蒸汽管又出现了问题，因而无法参加第二轮比赛。"火箭号"却依然能按照规定的载重来往行驶不停，它的从容不迫、稳健和可靠性给观众留下了深刻的印象。

10 月 13 日，星期一，比赛进入第二周。修复好的"无敌号"再次出场，但行驶了两个小时后水泵突然失灵，由一批热心观众帮忙把它推进了一家铁工厂。星期三，"珍奇号"经过两昼夜的修理之后，重新登场参赛。这次它满载货物跑了两趟，但锅炉的水管又出了故障。机车的主人明白修理锅炉要花几周时间，于是宣布退出比赛。

"火箭号"却越战越勇，多次展示了它的本领。在满载货物的情况下，速度比上一周更快。斯蒂芬孙还进行了一次 1:9.6 斜面的爬坡表演，满载货物的"火箭号"以 19 千米的时速轻易地爬上斜坡，相当于固定动力机牵引速度的两倍。这雄辩地证明了蒸汽机车比任何固定动力机都更适合于利物浦—曼彻斯特铁路！

只有“火箭号”达到了这次评比的所有条件，出色地完成了比赛的各项要求。它总共行驶了112千米，没有发生任何故障。评判员一致评定：“火箭号”是比赛的优胜者，赢得500英镑奖金。它是当之无愧的“最好的机车”。

《利物浦使者报》全程报道了这场比赛，其他官方报纸也是一片赞誉声。“火箭号”夺冠的喜讯传遍了全英国。

## 铁路走向世界

*tieluzouxiangshijie*

1830年9月15日，利物浦—曼彻斯特铁路举行了隆重的通车典礼。这条铁路通车和“火箭号”的使用，进一步展示了蒸汽机车的巨大优越性，斯蒂芬孙的名声远扬。欧洲许多国家争相邀请他去帮助和指导修建铁路。

到1830年底，即通车后的三个半月内，利物浦—曼彻斯特铁路共载客7万人次，盈利1.4万多英镑。1831年，乘客总人数达44.5万人，运输总收入高达50万英镑，获利颇丰。铁路运输的优越性，很快便被公众广泛接受。铁路建设也在英国，甚至欧洲和北美迅速展开，从此开创了铁路运输的新时代。

火车风驰电掣(油画)

到1832年，英国已拥有24条商用铁路，最兴旺的一条铁路年运载旅客35万人次，货物70万吨。到1836年，英国已有724千米铁路，将主要工业区连为一体。到1850年，铁路线就像蜘蛛网一样布满了整个英国。铁路运输极大地推动了英国商业贸易和钢铁、机械、建筑工程、地产等行业的发展，并降低了物流成本，成为真正的经济大动脉。在英国的示范下，欧美国家掀起了铁路工程竞赛。从1840年到1890年的50年间，美国就生产了25000辆美式蒸汽机车，铁路运输成为交通运输的主力。

1836年，斯蒂芬孙父子在伦敦公爵街设立了一个办事处，专门承接铁路工程的设计和修建。一年后，因业务扩大，办事处搬到了大乔治街，这里便成为向世界各地传播铁路建设的技术中心。在这一年里，英国议会通过了几项铁路议案，铁路线总共达到342千米，投资总额超过500万英镑。所有这些铁路，都是在斯蒂芬孙父子的指挥下动工修建的。

在父亲的培养和提携下，罗伯特·斯蒂芬孙已成长为一位优秀的铁路工程师，并能独当一面。1833年，他29岁就被任命为伦敦—伯明翰铁路的总工程师，年薪2000英镑。斯蒂芬孙的助手和学生迪克逊、洛克等，也在斯蒂芬孙的教导下成长起来。1833年斯蒂芬孙受聘为伯明翰至利物浦—曼彻斯特铁路连接线的工程师。两年后他辞去伯明翰至利物浦—曼彻斯特铁路连接线的工程师一职，由弟子洛克任总工程师。这一年，斯蒂芬孙父子接受比利时国王的邀请，前往比利时访问，倍受礼遇，被奉为上宾。而年轻一代的铁路精英，也在铁路建设上创造了辉煌的业绩，为英国和世界的铁路事业作出了贡献。

铁路从欧洲大陆迅速扩展到世界各地，规模成倍增长。据一份世界铁路史资料统计：在1840年至1913年间，全世界每年平均修建铁路1.5万千米。1840年世界铁路总里程只有8000千米，1850年便增长至3.9万千米，1860年达到10.5万千米，1870年达到21万千米，1880年为37.2万千米，1890年为61.7万千米，1900年为79万千米。到1913年第一次世界大战之前，世界铁路总里程达到 110 万千米，其中绝大部分集中在英、美、德、法、俄五国。尤其是当时的世界第一工业大国——美国，1913 年铁路总里程达到 40.2 万千米，居全球之冠。铁路运输几乎垄断了陆上运输，承担的运输量高达 80%以上。

以下是世界各国的第一条铁路列表：

1825 年 9 月 27 日，英国第一条铁路（斯托克顿—达灵顿，27 千米）通车。

1828 年法国建成第一条铁路（圣艾蒂安—昂德雷济约，15 千米，最初用马拉矿车，4 年后改为蒸汽机车）。

1830 年 5 月 24 日，美国第一条铁路（巴尔的摩—俄亥俄，21 千米）通车。

1835 年 5 月 5 日，比利时第一条铁路（布鲁塞尔—梅赫伦，23 千米）通车。

1835 年德国第一条铁路（纽伦堡—菲尔特，6 千米）通车。

1836 年俄国第一条铁路（圣彼得堡—沙皇村，37 千米）通车。

1837 年古巴第一条铁路（哈瓦那—贝胡卡尔，22 千米）通车，英国提供资本，用于运输蔗糖。

1839 年意大利第一条铁路（那不勒斯—波蒂奇，10 千米）通车。

1869 年穿越美国大陆的太平洋铁路竣工

1847 年瑞士第一条铁路(苏黎世—巴登,22 千米)通车。

1848 年西班牙第一条铁路(巴塞罗那—马塔罗,35 千米)通车。

1849 年荷兰第一条铁路(阿姆斯特丹—哈勒姆,20 千米)通车。

1851 年秘鲁第一条铁路(利马—卡亚俄港,13.7 千米)通车。

1851 年智利第一条铁路(科金博—卡尔德拉港)通车。

1853 年 4 月 16 日,印度第一条铁路(孟买—塔那,34 千米)通车。

1869 年 5 月 10 日,美国建成第一条横贯美洲大陆的太平洋铁路,总长 2849 千米。

1872 年 10 月 14 日,日本第一条铁路(东京新桥—横滨,29 千米)通车。

1876 年 6 月 30 日,中国第一条铁路(吴淞铁路,上海河南路桥—吴淞口,14.5 千米)通车,由英商怡和洋行擅自修建,运行一年后由清政府赎回拆除。

中国第一辆机车"龙号"机车

1881 年,中国人自己修筑的铁路唐胥铁路(唐山—胥各庄),是真正成功并保存下来加以实际应用的第一条铁路,从而揭开了中国自主修建铁路的序幕。1881 年 6 月 9 日,一辆两侧镶嵌着飞龙、漆得黑亮的火车头,轰隆隆地开出唐山矿,向胥各庄方向驶去。这是中国第一辆蒸汽机车"龙号"的首次试行。它的一声长鸣向世界宣告中国有了火车和铁路。这辆机车被命名为"中国火箭号"(rocket—china),借以纪念乔治·斯蒂芬孙诞辰 100 周年以及他那举世闻名的"火箭号"。可是开平矿务局的中国员工却在机车两侧各镶嵌了一条龙,把它叫作"龙号"机车。

1909 年，中国自主设计并建造了第一条铁路京张铁路(丰台柳村—张家口)。总设计师詹天佑，江西婺源人，我国杰出的爱国工程师、铁路工程专家。京张铁路 1906 年开工建设，1909 年建成通车。

## 晚年岁月

*wanniansuiyue*

1837 年，斯蒂芬孙萌生了退休的念头，这时他才 56 岁，并不算老。但他已在铁路战线上叱咤风云大半生，创建了伟业，功成名就，他想歇息一下，享受生活。斯蒂芬孙在给朋友朗里奇的信中说：

> 我想在两三年内放弃生意。到那个时候，我就会有更多时间和朋友交往了。前不久在坎伯兰湖区的旅行非常愉快，我真想在那里待上一个月，享受垂钓之乐。但愿下次再去时，能和更多朋友一道前往，希望你也能来。我想在英格兰西海岸购买三四万英亩土地，这个计划一定不错。

1838 年，斯蒂芬孙在德比郡切斯特菲尔德附近买下一处农庄，取名塔普顿庄园，并把家安置在这里。德比郡并不在西海岸，它位于英格兰的中部，铁、铅等矿和石灰石蕴藏丰富。切斯特菲尔德是德比郡的第一大镇。斯蒂芬孙相中这个地方，是因为他在这个地区开凿克莱克劳斯隧道时，发现了丰富的煤层，附近还有铁矿和石灰石。随着铁路的建成，这些矿产可以开发利用了，于是斯蒂芬孙与两个人合作，一起组建了矿业公司。这两个合伙人，是利物浦的约瑟夫·桑达斯和新结识的约克市市长乔治·赫德森。斯蒂芬孙的矿业公司开业后生意很兴旺。矿区里有1000多名工人,斯蒂芬孙为矿工们修建了标准化的住宅,每家都有小花园。还在矿区里开办了许多矿工储蓄所、小学校、图书室和养老院。斯蒂芬孙出身矿工,没有忘本,所以非常重视矿工们的福利。

塔普顿农庄占地607亩,离切斯特菲尔德镇约2千米,风景秀丽。庄园坐落在一个小山上,可以居高临下地远眺切斯特菲尔德镇。庄园是一座乔治王时代的红砖建筑,坚固厚重,房间很大。有一次,斯蒂芬孙的妹妹内莉(带大罗伯特的姑姑)来庄园探亲,发现庄园的窗户很多,她数了数竟有90个,大为惊异。庄园旁边就是斯蒂芬孙修建的铁路,周围则是他的矿区。

塔普顿庄园经常是宾客盈门。来访者有亲人、朋友、报社记者,有来自世界各地的工程师和发明家,还有远道而来的求助者。斯蒂芬孙热情好客,平易近人,对需要帮助的人非常慷慨。贝蒂不喜欢出席社交场合,但却是一个很热情的主妇,她待客亲切周到,颇受大家的爱戴。

在塔普顿庄园,斯蒂芬孙度过了他生命的最后10年。除了管理矿业公司,闲暇时,斯蒂芬孙很喜欢种植蔬菜和花卉。他种植的大白菜、甜瓜和菠菜,远近闻名。斯蒂芬孙还养了许多鸟儿,园子里飞鸟齐鸣,莺歌燕舞。妻子贝蒂俭朴勤快,是个持家能手,特别热衷于养蜜蜂。斯蒂芬孙为她建了一个养蜂场,每年春天收获蜂蜜时,贝蒂都要拿来馈赠亲友或招待客人。

世外桃源的生活,并没有使斯蒂芬孙中断与铁路的联系。事实上,他一直关注着铁路战线的风起云涌。在塔普顿庄园居住期间,斯蒂芬孙曾两度击败他的对手,一是关于宽轨和窄轨之争,二是所谓的"气压铁路"之争。这两场战斗都至关重要,关系着世界铁路发展的走向。他的对手名叫伊桑巴德·布鲁勒尔,是位卓有成就的铁路工程师,和斯蒂芬孙年龄相仿。伊桑巴德·布鲁勒尔20岁时,就承建了著名的克利夫顿吊桥。他修建的大西方铁路气势宏大,有口皆碑。透纳的名画《西部大铁路：蒸汽和速度》里横跨泰晤士河的梅登黑德大桥，也是他设计的。他的父亲马克·布鲁勒尔，也是一位铁路专家。但是这对布鲁勒尔父子，和斯蒂芬孙父子的秉性、风格完全不同。他们更像特里维西克，属于那种浪漫型天才，是富于狂想的发明家。而斯蒂芬孙父子，是睿智务实的天才，是脚踏实地的实干家。

布鲁勒尔竭力主张铁路应采用宽轨，反对斯蒂芬孙把轨距定为1.435米的标准。布鲁勒尔认为火车在宽轨铁路上跑得更快，他修建的大西方铁路采用的就是特宽轨道。火车在宽轨上是否真的比在窄轨上跑得快些，铁路专家们为此陷入了长时间的争辩。布鲁勒尔设计的车厢和铁轨一样宽，斯蒂芬孙的车厢则超过轨宽，两者的载重量是一样的。布鲁勒尔说，如果要让火车在宽轨上跑得更快，必须采用更大的火车头，才可能使机车的动力、速度和平稳性增加。事实上，蒸汽机车的性能高低，并不完全取决于大小，而在于机车的效率。布鲁勒尔大西方铁路运行的第一辆机车"北极星号"，就是纽卡斯尔的罗伯特·斯蒂芬孙公司建造的，马力十足，性能上佳。

1845年，大西方铁路延伸到格罗斯特，与斯蒂芬孙的标准轨距铁路衔接。由于轨宽不同，两条铁路的火车不能通行。于是，一个荒谬的情景出现了：所有的乘客、包裹、行李和牲畜都要从一辆火车下来，再装进另一辆火车里。这导致了一场激烈的轨距之争。英国政府专门成立了一个仲裁委员会，调查研究解决办法。为此，仲裁委员会印发了6500份调查问卷，征求有关团体和专业人士的意见，最后结果是几乎所有专家都支持斯蒂芬孙的轨距标准。仲裁委员会于1846年提交了一个报告，赞成采用1.435米的轨距，并宣布从此之后英国公共铁路一律采用这个指标。

布鲁勒尔在力主使用宽轨铁路的同时，还宣扬一种全新的铁路运输系统，他称之为"气压铁路"。他宣扬道：假如这种铁路系统获得成功，所有的蒸汽机车都将被淘汰掉！所谓的“气压铁路”，就是用吹气的办法而不是机车牵引的办法，让火车沿着铁轨前进。在两条铁轨之间铺设一根大管子，在铁路旁边按一定距离设立一些充气站，从那里把空气打进这条管子里。火车头上有个活塞，与管道的槽沟相连接。泵机把火车前面管道里的空气抽光，火车于是被迫向前面出现的真空区移动，因此叫作“气压铁路”。令人惊奇的是，这个设想并不是异想天开，有人在都柏林附近的一条铁路上，曾见过用气压进行试行。

斯蒂芬孙坚决反对布鲁勒尔的主张，他认为这不过是固定动力机的一种翻版，而那种牵引方式早就被他在雷恩希尔比赛中击败了。所谓“气压铁路”只不过是不用绳索或铁链牵引，而是用空气代替索链而已。罗伯特·斯蒂芬孙对这种系统进行了仔细研究，也赞成父亲的意见。

布鲁勒尔并不认输，反而以攻为守，鼓吹将在斯蒂芬孙的家乡采用“气压铁路”系统。他宣称要在纽卡斯尔和伯里克之间建一条使用这种系统的铁路。而这条铁路斯蒂芬孙已酝酿许久，早就想修建。它将使爱丁堡和伦敦之间有一条直通铁路，这是斯蒂芬孙毕生的一个心愿。1836 年斯蒂芬孙曾对这条线路进行过勘测，1843 年他被任命为这项工程的工程师。布鲁勒尔却在当地富有的大地主雷威克勋爵支持下，提出了“气压铁路”系统方案。两人针锋相对，剑拔弩张，一次在街上相遇，几乎要发生决斗。最后，两项计划都提交到议会，由此展开了一场激烈的大论战。经过不少周折和论证，斯蒂芬孙的蒸汽机车铁路方案获得通过，他终于赢得了这场胜利。有人称这是“蒸汽机战胜了最后一个反对者”。斯蒂芬孙因此得到了家乡人们的崇敬和热爱。因为对铁路建设的巨大贡献，他当之无愧被誉为“铁路之父”。

布鲁勒尔的“气压铁路”系统后来在其他地区实验了多年，但问题很多，而且耗资巨大，最终被人们放弃。

斯蒂芬孙在生命的最后几年才真正退休。1845 年，妻子贝蒂去世，葬于切斯特菲尔德的圣三一教堂。她和斯蒂芬孙结婚25年,和睦恩爱,却没有生育。

斯蒂芬孙经历了一段孤寂的日子。他和管家、仆人住在塔普顿庄园,偶尔会应邀出游,参加机械工程师协会的活动。在这里,他安度晚年,热情地接待来访的亲朋好友。他保留了很多在煤矿工作时的老习惯,如客人来访时,他经常用开水冲燕麦片招待大家。如果客人是英格兰北方人,他会唱一些小时候从父母那里学来的乡村歌谣,或者同客人进行摔跤比赛。

斯蒂芬孙以自己当过工人为荣,他的血管里永远流淌着矿工的血液。对待荣誉,他虚怀若谷。他曾谢绝英国首相皮尔勋爵册封他爵位的建议。1846年伯明翰市发起成立了机械工程师协会,斯蒂芬逊被选为第一任会长,他感到非常荣幸。

1846年2月,斯蒂芬孙与年轻的管家埃伦结婚。埃伦是一个农家女儿,她陪伴斯蒂芬孙走完了生命的最后一程。

1848年8月12日,斯蒂芬孙在塔普顿庄园溘然去世,享年67岁。葬于斯特菲尔德的圣三一教堂,与他的第二任妻子贝蒂葬在一起。葬礼十分隆重。从中午开始,切斯特菲尔德市所有的商店都停业,向从塔普顿小山下来通过的送葬队伍表示敬意。德比市长、大主教、议员都走在送葬行列中。

81岁高龄的爱德华·皮斯,也赶来为斯蒂芬孙送行。他是斯蒂芬孙的资助者、合伙人、老朋友,也是他的贵人。没有皮斯的知遇之恩和倾力支持,也就没有斯蒂芬孙的成功。一家土木工程师杂志撰文称:爱德华·皮斯是“真正的铁路之父”,正是由于“他的赞助和支持,才使乔治·斯蒂芬孙成了一位举世闻名的人物”。

斯蒂芬孙以他勇于创新的精神和不屈不挠的毅力,开创了近代蒸汽机车和铁路的先河。他制造的机车奔驰在英国、法国、美国、德国、比利时、意大利等国的铁路线上,他修建的铁路创下了世界铁路史上若干个里程碑。

正如亨特·戴维斯所说:“在那么短的时间里,铁路从无到有,并且扩展到了全世界。所有这一切,或者说这一切的大部分,都要归功于乔治·斯蒂芬孙。”

1980 年,是利物浦—曼彻斯特铁路通车 150 周年,也被公认为世界上铁路诞生 150 周年。在纪念大会上,斯蒂芬孙被誉为国家英雄。世界各国以各种方式来纪念斯蒂芬孙,德国、比利时和波兰等国发行了纪念邮票,上面印有斯蒂芬孙头像和他的火车。英国在 1975 年也发行了一枚 7 便士的纪念邮票,上面印有“旅行 1 号”机车图案,以纪念这位人类历史上伟大的工程师。

1990 年,英国新发行的 5 英镑纸币,背面就是斯蒂芬孙肖像。同系列的 10 英镑纸币,背面是著名小说家狄更斯肖像;20 英镑纸币,背面为大物理学家法拉第肖像。伟大的工程师斯蒂芬孙和他们一起流芳百世!

1990 年英国发行的 5 英镑纸币(右为斯蒂芬孙头像,左为蒸汽机车“火箭号”)

在今天,轮船已不是什么稀奇的事物。但在人类的航运史上,轮船的发明却经历了曲折坎坷的过程,有许多可歌可泣的动人故事。富尔顿这位杰出的轮船发明家,也因此被人们所怀念。

富尔顿出生在美国宾夕法尼亚州一个贫苦的农民家庭,从小喜欢美术和做手工,由于家境贫困,17 岁就自谋生活,凭着勤奋好学,成为一位青年画家。富尔顿在 20 岁时,幸运地得到美国开国元勋富兰克林的赏识,被推荐前往伦敦向大画家本杰明·韦斯特学画。幸运之神总是眷顾这个美国大男孩。一次偶然的机会,富尔顿参加瓦特的 50 岁生日,与瓦特成为忘年交。在这位伟大的蒸汽机发明家的感召之下,富尔顿决心弃画从工,做一名机械工程师。

瓦特的蒸汽机点燃了富尔顿发明蒸汽轮船的梦想。富尔顿发明蒸汽轮船的经历,充满了坎坷曲折,但富尔顿从不退缩,屡败屡战。经过 20 年坚持不懈的努力,富尔顿在合伙人利文斯顿的帮助下造出了世界上第一艘实用的蒸汽机轮船,1807 年 8 月 17 日,这艘“克莱蒙特号”在哈得孙河上进行了历史性的航行。这次试航成功,揭开了世界航运史上轮船时代的序幕……

KEXUE JUREN DE GUSHI

# 青少年时代

# 喜欢美术和手工的孩子

*xihuanmeishuheshougongdehaizi*

1765年11月14日，罗伯特·富尔顿出生于美国宾夕法尼亚州兰卡斯特郡一个贫苦的农民家里。父母亲是爱尔兰移民，在富尔顿还没有出生时，就从爱尔兰移居到了美国。老富尔顿原是爱尔兰的一个穷佃农，后因生活所迫，漂洋过海来到宾夕法尼亚州谋生。当时北美13州还是英国殖民地。

富尔顿故居

美国大科学家富兰克林的父亲，是一个染匠，当年也是从英国移民来到宾夕法尼亚州的。这些移民大都怀着一个来美国淘金的梦，但是踏上北美这块土地，才发现这里并不是处处有黄金。生活依然很艰辛，要过上好日子，需要加倍努力、拼命打拼才行。老富尔顿在宾夕法尼亚州落脚后，由于没有钱买地，只能到附近的农场给人打短工。他一辈子的愿望，就是挣到钱买一小块土地，成为一个自主的农民。但直到去世，老富尔顿的这一夙愿都没能实现。

罗伯特·富尔顿出生时的房子现在还保存着，已被辟为富尔顿故居，并于1964年被列入美国国家历史地标。这是一座古朴的石头构造建筑，独自坐落在寂静的林间小道上，深灰色的房顶上耸立着一个小烟囱。整栋建筑单门独栋,有一种遗世独立的沧桑感。1765年的那个冬日,罗伯特·富尔顿就在这个小屋中诞生。家里已经有几个孩子了,家境又不好,罗伯特的出生并没有给父母亲带来多少喜悦。他们做梦都没有想到,这个孩子将来竟成为杰出人物,光宗耀祖,让这栋老屋蓬荜生辉,成了美国的重点文物保护地。据说这栋房子1822年曾被大火烧毁,之后又按照原来的样子进行重建。故居里还保留着当年富尔顿的生活痕迹,结实的家具和简约的装饰,体现了当时的农家风格。在故居的陈列室里,还放置着罗伯特·富尔顿当年设计发明的汽船模型,还有他留下的手迹和亲笔信等。

富尔顿的童年是在极为艰苦的环境中度过的。他幼年丧父,9岁时才上学。所幸的是,他有一个伟大的母亲。为了把几个孩子抚养大,母亲给人当佣人,帮人缝洗衣服,还在房前屋后养了一群家禽,希望多卖点钱,让孩子们吃饱穿暖。母亲靠着微薄的收入,含辛茹苦,拉扯着几个孩子,供他们念书,日子过得很清苦。但她很重视孩子们的教育,再苦也要攒够学费让他们进乡村小学,接受最起码的教育。富尔顿在学校里学会了读书和写字。

母亲总是谆谆教导孩子们:“要做一个勇敢的孩子、不怕失败的孩子。”“做事要有恒心,做一件事一定要坚持到底。”这些训导,在富尔顿幼小的心灵里留下了难忘的印记。

富尔顿从小心灵手巧,爱动脑筋,喜欢美术和手工制作。他不爱与同龄的孩子们一起玩耍,而喜欢独自坐在那里用心画画,或者用泥巴捏一些奇形怪状的小动物、小机械模型。这一点倒是颇像斯蒂芬孙。他比斯蒂芬孙幸运的是读了几年书,会读书和写字。小富尔顿对绘画情有独钟,也许是天分。家里没钱买水彩颜料和画纸,他就用木炭当笔,把地板和墙壁当作画纸,在上面尽情涂鸦。村子和学校的墙壁上到处留下了他的杰作,诸如太阳、月亮、公鸡、母牛、老头、女妖等等……千奇百怪的图案充满了稚拙和童趣。据说,“凡是他能画的地方他到处乱画，因为这个他经常受到大人们的呵斥。”

小富尔顿经常思考一些奇怪的问题，自己想不明白，便到老师那里去问个究竟。但在老师的眼里，小富尔顿是个调皮蛋，喜欢乱涂乱画，考试经常不及格。

## 手摇桨小船

*shouyaojiangxiaochuan*

富尔顿在学校里没有待多长时间，后来由于家境贫困而被迫辍学。14 岁时，母亲送他到一家首饰作坊当学徒。

富尔顿对首饰的兴趣不大，那些珠光宝气的小玩意儿价格昂贵，师傅也轻易不让他碰。老板把新来的小徒弟当廉价劳动力，只吩咐他干些打杂的活儿，所以富尔顿在作坊里并没有学到什么技艺。不过，他的绘画天分在这里得到了自由发挥。首饰的制作讲究款式新颖，造型精美，是艺术与工艺的完美结合，这与绘画是相通的。富尔顿无形之中受到熏陶，对绘画更加痴迷。他利用工余时间苦练绘画，从写生开始，到练习人物素描，无师自通。没有多久，他已达到了美术学院专业学生的水平。有一天，他悄悄画了一幅老板的肖像，寥寥数笔，一个圆滑买卖人的模样就跃然纸上。

这幅画被老板无意间发现了：“罗伯特，这是你画的？”

“不好意思，是的。”富尔顿低着脑袋，准备挨骂。

没想到，老板并没生气，还夸了他一句：“嗯，有点拉斐尔的风格。”

拉斐尔是意大利文艺复兴时期的大画家，画风细腻典雅。听到老板的表扬，富尔顿不禁受宠若惊。

除了绘画，富尔顿还是一个机械迷。首饰作坊附近有一家修造厂，生产枪炮。富尔顿在忙完店里的活计后,经常跑到修造厂里观看工人修造枪炮机械,工人们都很喜欢他。富尔顿乐意给他们打下手,做点小活儿。等工人忙活完了,小富尔顿就向他们请教有关枪炮机械方面的知识。他在那里学到不少制造气枪的技术,还有各种枪械的校验方法。这对他将来的发明生涯大有裨益。过了不久,富尔顿在修造厂一位师傅的指导下,自己造了一把气枪,虽然外形有些粗糙,但射靶很准,修造厂的工人们都称赞他是块能工巧匠的料。这对富尔顿是个很大的鼓励。此后,他对机械制造的兴趣更浓,渐渐掌握了机械制造的一些基本技能。

富尔顿最早的发明天赋,表现在一只手摇桨的小船上。

有一天,富尔顿和同伴一起用竹篙撑船去钓鱼。船行驶到一个地方,水流湍急,小船在河中打转。富尔顿和同伴们拼命地撑篙,汗水湿透了大伙儿的衣服,但船仅能艰难地移动。富尔顿心想:撑篙太费力了,要能有什么办法使船在水中轻松前行该多好啊!他们费了九牛二虎之力,才把船撑到岸边。当同伴们开始钓鱼时,富尔顿却一个人坐在船上陷入沉思。

他想,如果在船的两边各装一个手摇桨轮,然后用手摇动,船不是就能往前行驶了吗?也许摇动桨轮会比用竹篙撑船省力些。富尔顿把自己的想法讲给伙伴们听,大伙儿都不相信他的方法可行。

"快钓鱼吧,我们都钓了好几条了,别再胡思乱想了!"

富尔顿不信这种方法不行,便跑回家。过了一阵子,他抱着两个类似水车轮的手摇桨轮回到钓鱼的河边上。

"罗伯特,你抱的是什么玩意儿?"

"这是我设计的手摇桨轮。"富尔顿神秘地说。

"手摇桨轮,没见过。"

"真是稀奇!"

“能给大伙儿试一试吗？”

伙伴们围了上来，鱼也不钓了。富尔顿把手摇桨轮装在小船上，只见他用手摇动桨轮，船真的往前行进了，一点也不吃力。富尔顿高兴得跳了起来，差一点把船掀翻。大伙儿看到这种方法可行，都夸富尔顿是个小发明家。

“嘿嘿。”富尔顿开心得笑起来，他第一次尝到了发明的乐趣。

## 肖像画家

xiaoxianghuajia

富尔顿在首饰作坊学徒三年，没有掌握多少制首饰的技艺，但在绘画方面却有了长足的进步。

1782 年，为了能在绘画方面有所成就，不满 17 岁的富尔顿离开家乡，只身前往费城学习绘画。他担心母亲不让他出远门，给家里留了一张纸条，悄然

18 世纪末的费城

出走。纸条上端正地写着："妈妈，天下这么大，我要去闯荡一番，开拓新世界。请您放心，我会做一个勇敢、不怕困难的人，不闯出个名堂决不回家！"

费城位于宾夕法尼亚州东南部，距兰卡斯特郡90千米，它是美国的发祥地和历史文化名城。6年前，就是在费城起草并正式签署了《美国独立宣言》，美国国旗也是在这里被设计出来并首次升起。这里是美国和美国民主的诞生地。

海沃德夫人肖像画(富尔顿绘)

富尔顿来到费城，觉得一切都新鲜，到处充满了机遇和活力。他一边学习绘画，一边在一家机械制造厂做制图工作。制图只是他谋生的手段，绘画才是他的追求。

由于他刻苦用功，很快就成为小有名气的肖像画家。17岁时，富尔顿的画已经非常出色。于是，他决定离开机械制造厂，靠绘画来挣钱谋生。

富尔顿的画家生涯，是从市井街头给人画肖像开始的。这也是典型的美国方式，为了生存必须从底层开始拼搏和奋斗。富尔顿在热闹的广场上摆摊，给路人或游客画肖像。由于他的技法娴熟，画得很像，颇受人们的欢迎。一幅小型素描肖像，收费2先令，彩色肖像收费4先令(1792年美国《铸币法案》通过后才开始用美元)。他还夹着画板到一些旅馆、饭店去，为前来观光的绅士或贵妇们画肖像。他的画架上贴着一句广告语："拉斐尔风格，收费合理，包君满意。"看到画家还是一个少年，顾客们都挺照顾他的生意。他们不一定懂什么是"拉斐尔风格"，只要画得像就成。

富尔顿的肖像画很受欢迎，来费城三年后，他靠画肖像挣了一笔钱。富尔顿用这笔钱以母亲的名义买了一小块地，终于实现了父亲生前的夙愿。母亲非常欣喜，能够在自己拥有的土地上耕作，是富尔顿全家的心愿。

富尔顿绘画技艺不断提高，尤其是他的肖像画受到不少艺术家的称赞。在费城，他已是颇有名气的青年肖像画家。随着绘画技艺的提高，富尔顿似乎看到自己光明的未来，他决心在绘画方面取得更进一步的发展。

幸运的是，就在这时候富尔顿遇见了本杰明·富兰克林。这个缘分使他得到赴英国深造的机会。

## 富兰克林的推荐

*fulankelindetuijian*

本杰明·富兰克林是美国著名的政治家、科学家，也是杰出的外交家和发明家，美国重要的开国元勋之一，曾参与起草《美国独立宣言》。富兰克林还是近代电学研究的先驱，他在费城做过著名的风筝实验，证明了闪电是一种放电

晚年富兰克林

青年肖像画家富尔顿

现象，从而揭开了近代电学研究的序幕。他最早提出了避雷针的设想，并发明了避雷针。此外，他在天文、地质、气象、化工、机械，乃至钟表、乐器等诸多领域都有所发现和发明。1779 年富兰克林出任美国驻法国大使，他的努力使美国赢得了法国人民的同情和支持，为美国的独立扫清了障碍。1785 年 9 月，富兰克林从法国载誉而归。尽管已是 80 岁高龄，他还担任了宾夕法尼亚州最高行政会议议长，参加制定了美国第一部宪法。

这年 10 月，20 岁的富尔顿通过一位艺术家朋友，结识了富兰克林。当时富兰克林刚从法国回国不久，听说有个自学成才的年轻画家慕名想拜访自己，便爽快地答应了。富兰克林出身贫寒，小时候只读过两年书，12 岁就当了印书学徒。他靠勤奋努力，后来成为一位杰出人物。由于个人的经历，他对在底层奋斗的年轻人格外关注。

拜访那天，富尔顿带了几幅自己画的肖像画。富兰克林在客厅里接见了他。

富尔顿谈了自己的家境、经历和来费城闯荡的情况。富兰克林看了他的作品，感觉不错，笔触细腻传神。

“是有点拉斐尔的风格。”他夸奖了一句。

“先生过奖了。”富尔顿恭敬地说。

“拉斐尔的画风细腻温馨，很适合画肖像。”富兰克林接着说，他的话锋一转，“不过，如果你想跳出肖像画的窠臼，应该多借鉴一下达·芬奇。”

“啊，达·芬奇！”青年画家眼睛一亮。

富兰克林说，达·芬奇的画风精细而又浑厚，魅力无穷，他的《蒙娜丽莎》《岩间圣母》《抱貂女郎》都是艺术瑰宝。达·芬奇的艺术成就超过了拉斐尔。

“这是一位全能的天才，同时还是发明家、解剖学家、建筑学家、军事工程师哩！他曾经设计过大炮、坦克、飞行器，还有机器人、潜水器……”富兰克林越说兴致越高。

富尔顿被他的话强烈地感染了。

“先生,我也很喜欢机械。”富尔顿脱口而出。

“这很好呀！艺术和科学是相通的。”富兰克林赞许道。

“我曾经很想做一个机械师。”富尔顿热切地说,“但又拿不定主意,究竟是学工好还是从艺好？”他向富兰克林求教。

“那要看你在机械方面有多大潜力。”富兰克林回答他。

富尔顿说自己做过一些小机械模型,还造过一把气枪,打得很准。富兰克林笑了,那是一种宽容的笑。以富尔顿的自我介绍来判断,小伙子在机械方面还是初级水平。

“依我看,你在绘画方面已有相当造诣。”富兰克林说,“应该朝这个方向发展。”

“谢谢先生的指点。”富尔顿说,“但是我不想画一辈子肖像画。”

当时美国还是初创时期，在费城没有学画的地方，而且在一般人的心目中,艺术可有可无。给那些绅士、贵妇画肖像,就算画一辈子也不会有多大出息,富尔顿说出了自己的彷徨。

“你很年轻,可以深造嘛。”富兰克林鼓励他说,“伦敦有一位很有名望的画家,名叫本杰明·韦斯特,是我的朋友。我可以推荐你拜他为师学画。”

“太感谢您了！不过……伦敦太远了。”富尔顿有点犹豫。

“从事一项事业,先要决定志向,志向决定之后就要全力以赴、毫不犹豫地去实行。”富兰克林鼓励他。

富尔顿被打动了,表示很愿意去伦敦学画。富兰克林当即写了一封给韦斯特的推荐信,交给富尔顿。富尔顿一再致谢,正准备告辞,富兰克林问他:“去伦敦留学需要一大笔钱,你的经济能力怎么样？”

富尔顿迟疑了一下坦白地说:“我画画挣的钱,都给母亲买地了。”

“噢,你等一下。”富兰克林起身回到书房,又写了一张便条交给富尔顿,“你去找塞缪尔·斯科比特先生,他是费城一位有学识的富翁,也许会帮助你。”

“啊,真是太谢谢您了!”

富尔顿拿着这张便条去拜会塞缪尔·斯科比特。此人很关心美国艺术的发展,为人慷慨。他确信富兰克林介绍来的小伙子的确有绘画方面的天赋,便表示愿意资助富尔顿。

KEXUE JUREN DE GUSHI

# 蒸汽轮船梦

# 瓦特的感召

*watedeganzhao*

1785年11月,富尔顿怀揣着斯科比特给他的路费和富兰克林给本杰明·韦斯特的推荐信,远渡大西洋,前往伦敦投奔本杰明·韦斯特。

到了伦敦,富尔顿才知道韦斯特是美国的大画家,在英国名气很大。本杰明·韦斯特出生于宾夕法尼亚州,6岁学画,被誉为神童,20岁时已是纽约有名的肖像画家了。他22岁赴意大利进修,1763年来到伦敦,是年25岁,即开始以历史画家的身份跻身于英国画坛。韦斯特的作品除以宗教、神话为题材外,有相当一部分是描绘英国在北美殖民时期的一些历史题材。他曾受到英王乔治三世的赏识,成为英国宫廷御用画家,还帮助创建了英国皇家艺术学院,并被选为院长。他也是第一位在欧洲获得承认的美国艺术家,其代表作有《沃尔夫将军之死》《打板球的人》等。

画家本杰明·韦斯特

《打板球的人》(本杰明·韦斯特绘)

韦斯特看到富兰克林的推荐信，以最友好的方式收下了富尔顿。富尔顿被安排在韦斯特的画坊，一边进修学画，一边可以接外面的活，全部生活费用由韦斯特提供。

“小伙子，要加油哦。伦敦的画坛可是竞争者的天堂。”韦斯特关照富尔顿。

“谢谢大师的提携。”富尔顿向韦斯特鞠躬致谢。

18世纪的国际大都会伦敦

富尔顿很快发现，韦斯特门下的学生有不少人来自美国，个个出类拔萃。可以说，韦斯特的画坊是一个艺术家的摇篮。富尔顿无形中感到一种压力，所以他学画非常刻苦，丝毫不敢懈怠。在韦斯特的悉心指导下，他的画技进步很快。

多年以后，另一个20岁的美国青年、耶鲁大学毕业生塞缪尔·莫尔斯，千里迢迢来伦敦学画，也是投在韦斯特的门下。三年后塞缪尔·莫尔斯学成归国，成为美国著名的画家。有意思的是，后来这位塞缪尔·莫尔斯迷上了电学，成为举世闻名的电报发明家。而他的同门师兄富尔顿也是弃画从工，成为伟大的轮船发明家。说不定，莫尔斯是把富尔顿当作榜样了呢。

富尔顿到伦敦不久，正赶上大发明家瓦特50岁的生日，许多知名人士纷纷前来贺寿。

瓦特是英国著名的发明家、工业革命时期的重要人物。他对当时已出现的蒸汽机原始雏形作了一系列重大改进，大大提高了蒸汽机的热效率和运行可靠性，对推动英国工业革命作出了杰出贡献。瓦特因改进蒸汽机的重大贡献，1785年当选为英国皇家学会会员。1784年底，瓦特和他的合伙人博尔顿在伦敦动工兴建亚尔比恩面粉厂，两年后面粉厂建成投产，成为伦敦轰动一时的大事。该厂装配了两台大型瓦特蒸汽机，每台功率50马力，机器汽缸直径达218厘米。借用这两台蒸汽机的动力，能使直径348厘米的两座石臼每秒钟同时转动12次，每小时可生产5吨面粉。亚尔比恩面粉厂当之无愧地成为当时最大的机械化工厂。自投产之后，亚尔比恩面粉厂成了伦敦的名胜之一，每天来此观光的人络绎不绝。

瓦特50岁生日时，亚尔比恩面粉厂还在兴建中。这时候瓦特的事业蒸蒸日上，如日中天，来祝寿的人很多。富尔顿作为韦斯特画坊的一名绘画师，被请来给瓦特画肖像。在瓦特的生日聚会上，富尔顿有幸认识了许多机械工程师，从他们那里了解到机械制造业的一些最新发展，这又激起了富尔顿对机械制造的浓厚兴趣。

瓦特对富尔顿画的肖像很满意，同他愉快地聊起来。

富尔顿忍不住对瓦特说："我自小就对机械感兴趣，后来我学过枪炮制造，还自己造过气枪。我还在机械制造厂里做过制图师。"

"看不出你还是一位机械师哩！"

瓦特得知这位画艺出色的年轻人，原来对机械制造也很有兴趣，并且有相当水准，十分高兴。

"先生您才是真正的机械师。"富尔顿对瓦特非常敬佩，他由衷地说，"有人说，您发明的蒸汽机把人类带进了蒸汽时代。"

"可以这么讲，一个蒸汽时代的确已经来临。"瓦特很欣赏富尔顿的话，他深邃的目光里透着睿智，"蒸汽机赋予了人类驾驭大自然的无限力量。"

"它武装了人类，使人虚弱无力的双手变得力大无穷。"富尔顿兴奋地补充

富尔顿

瓦　特

了一句。

两个人的谈话越来越投机。瓦特 50 岁，富尔顿 20 岁出头，一个是功成名就的大发明家，一个是初出茅庐的青年画家，两人不知不觉成了忘年之交。

瓦特向富尔顿详细讲述了自己发明蒸汽机的经历，富尔顿听得入了神。他从瓦特的独特经历中，感受到发明家那种坚韧不拔、不达目的、誓不罢休的精神。瓦特乐观自信的人格魅力，也深深地打动了富尔顿。

富尔顿随意问起亚尔比恩面粉厂，这是当时的一个热门话题。

“听说您正在伦敦建一座很大的面粉厂，年底就能竣工？”

“这座面粉厂意义非凡，它不仅仅在规模上属于全英国第一。”

瓦特告诉富尔顿，矿井用来提取重物和抽水的蒸汽机都是“直线往返运动”，而面粉厂用的蒸汽机是专门设计的，它的运行方式是“旋转运动”，这大大拓展了蒸汽机的使用范围，比如磨坊、纺织厂等等。

“这标志着凡是需要作旋转运动的机械，都能采用蒸汽机。”瓦特解释说。

“凡是需要作旋转运动的机械……”富尔顿念叨着，脑海里蓦然掠过少年时做的那个手摇桨轮。

“先生,那在船上能不能安装蒸汽机呢?”富尔顿突然问。

“这个想法很不简单。”瓦特说,“你想想看,如果船只能用蒸汽机作动力,这意味着什么?那将给整个航运带来一场革命!”

“不知有没有人研究过?”富尔顿好奇地问。

“有不少发明家作过探索,法国、美国和英国都有人尝试过,可惜都没有成功。”

“看来这并不容易。”富尔顿很有感触。

“要完成一桩伟大的事业,需要很多人作出奉献甚至是牺牲。”瓦特说。

富尔顿沉思了片刻。瓦特注意到他的表情严肃而庄重,仿佛在作一个重大决定。

果然,青年画家昂起头,郑重地咨询道:“先生,我想做一个发明家,您看我行吗?”

“当然行。”瓦特莞尔一笑,“但是你要记住,100 个发明家中往往 99 个最后都是失败者,只有一个能成功,所以你要有不怕失败的心理准备。”

“我有。小时候妈妈就教育我,要做一个勇敢的孩子、不怕失败的孩子。”富尔顿回答得很坚定。

“这很好。还有,搞发明不能仅仅靠兴趣,你必须具备扎实的专业知识,要敢于创新,贵在坚持,还要付出比别人更多的艰辛。”

“我知道。”富尔顿点点头。

“年轻人,我相信你能获得成功!”瓦特拍了拍他的肩膀。

这次偶然相遇,改变了富尔顿的人生目标,使他改变了自己的初衷,不想当画家了,决心像瓦特一样当一名机械工程师。

## 富尔顿的轮船梦

*fuerdundelunchuanmeng*

瓦特的话对富尔顿有很大的启发。富尔顿牢记瓦特的叮嘱,搞发明"必须具备扎实的专业知识"。这也正如法国女作家乔治桑所说:"在抽刀向敌之前,必须练好剑术。"

为了实现自己的轮船梦想,富尔顿如饥似渴地努力学习科学知识。他在韦斯特画坊学画没有多久,就转到一家机械制造厂当工人。他一边工作,一边自学高等数学、理论力学和机械制造,还学习法语和意大利语,为从事发明创造打下了坚实的基础。富尔顿只上过几年学,这给他的自学带来难以想象的困难,有时为了搞懂一个专业术语,他就跑图书馆查资料,或者向人请教。

在伦敦的几年时间,富尔顿先后在几家机械厂当过工人。每在一家工厂干活,他都仔细了解那里使用的各种机器,并学会熟练地操作和维修。通过这种途径,富尔顿掌握了当时英国工厂使用的一些新机器的性能。凭着他搞机械的天赋,富尔顿还对这些机器提出了改进建议,其中有不少好点子。不过,他的身份只是个工人,人微言轻,老板和厂里的工程师对他的建议并不重视。

就在这时,富尔顿在伦敦遇到一位美国发明家詹姆斯·拉姆齐。拉姆齐是富兰克林的好朋友,比富尔顿大22岁,是一位热情洋溢的爱国者。他胸怀大志,发誓要把蒸汽轮船用于航海,从而使美国成为富强之国。富兰克林很支持他。拉姆齐这次来英国,是为发明筹集资金的。不久前,拉姆齐在泰晤士河做过用蒸汽机推动船只航行的实验。遗憾的是,拉姆齐的蒸汽机轮船非常原始,它的原理是用蒸汽机飞轮轴上的摇杆移动长木杆,再由木杆撑住河底推动船只。

这种奇特的结构虽然能让船只移动，但有致命的局限性，一是行驶缓慢，二是水深了木杆够不着河底。当他的小船在泰晤士河里摇摇晃晃爬行时，请来观摩的大亨们都失望地掉头走了，谁也不愿意把钱花在这种不成功的实验上。

拉姆齐对富尔顿说："也许我是失败者，但我的努力不会白费，我坚信蒸汽轮船一定会航行在密西西比河和大西洋上。"

拉姆齐的话给富尔顿留下了深刻的印象。当时美国与欧洲大陆的交通全靠帆船，速度慢且不安全。富尔顿完全理解拉姆齐的想法。作为一个美国人，富尔顿也深深地体会到这种不便，希望有一种不靠人畜或风力驱动的船只，可以高速航行，使美国和欧洲成为近邻。

从这一刻起，建造一种用蒸汽机推动船只的机器，就成了富尔顿终生奋斗的梦想。

在富尔顿生活的时代，由于瓦特发明的蒸汽机推动了工业革命，海上贸易大大发展，原有的风力帆船已不能适应新时代的发展需要。时代呼唤着航速更高、排水量更大的航运交通工具出现。蒸汽机发明后，在欧美各国有许多人开始探索制造蒸汽动力轮船，结果都一一失败了，詹姆斯·拉姆齐只是其中之一。为了这一理想，无数发明家付出了毕生的心血，甚至是生命代价。

只有少数幸运的发明家笑到了最后。





## 早期轮船发明家的命运

*zaoqilunchuanfamingjiademingyun*

早在罗马时代，欧洲就出现了用人力和畜力（犍牛）驱动桨轮的船。我国唐宋时期，也造过用桨轮作为推进器的船，即在船的两侧装有轮子，靠人力脚踏转动，称为“车船”。宋朝时，这种车船还曾用于打仗。据南宋宰相李纲在《梁溪全集》中记载，这种车船推进装置的基本结构是一车双轮，令人踏车，所谓“车船新制得前规，鼓蹈双轮势似飞”。事实上，由于人力的局限，这些车船的效果并不理想，一是不能在浅水区航行，二是不能入海，后来便被淘汰了。

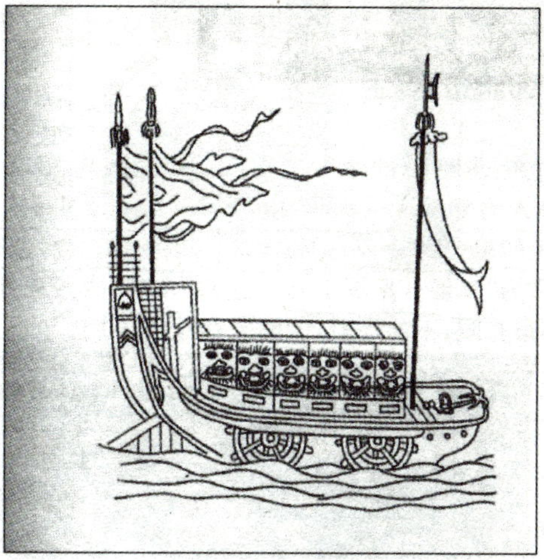

中国古代的“车船”

在此后的漫长岁月里，无论是郑和下西洋率领的庞大舰队，还是哥伦布发现新大陆的船队，都是凭借着风帆和人力划桨推进。

1769年，瓦特蒸汽机的发明揭开了人类蒸汽时代的序幕，为古老的船只摆脱人力和风力行驶的状况提供了可能。许多发明家受到鼓舞，纷纷投入到蒸汽轮船的探索中。

1779年，法国有个青年发明家朱弗莱·达万，在里昂郊区造了一艘木质蒸汽轮船。它采用瓦特单向式蒸汽机和一套掌状船桨作为驱动，速度很缓慢。后来达万把掌桨改成带叶片的轮子，第二年造了一艘“皮罗斯卡菲号”蒸汽轮船。该船长42米，重182吨，船上使用瓦特双向式蒸汽发动机，用活塞连接双棘轮机构，带动桨轮转动，从而推动船只前进。1783年7月15日，“皮罗斯卡菲号”在塞纳河上逆水驶向巴黎城区。船行至中途，机器发出震耳的噪音，烟囱上不断冒出浓烟，突然锅炉爆炸了，蒸汽船沉入河底。不久，法国爆发了大革命，达万身为法国保皇派贵族，只身逃亡到美国。在美国流亡一段时间后，当达万再返回法国时，他的名字早已被人们忘却，最终在默默无闻中死去。

达万有一句豪言壮语流传后世，这也成为他终生的遗憾：“只有在船只航行中应用蒸汽机，人才能成为大海的主人。”

1785年，一位名叫约翰·菲奇的美国发明家四处奔走，从5个州得到资金,并获得专利许可证。菲奇生于1743年,是一个技艺精湛的钟表匠,对发明轮船非常痴迷和执着。1787年,菲奇制造了一艘简易的蒸汽动力船“实验号”,并在费城附近的特拉华河上试航。当时许多观众前来观看,包括乔治·华盛顿总统和参加大陆会议的代表们。这艘船使用的不是桨轮，而采用了双排竖桨——在船的两侧各安装了6把划桨,用一根铁杆相连。蒸汽机的活塞推动着铁杆作水平运动，连带着6把桨一齐划水，从而推动船只前进,时速达到12千米。这次试航取得了初步成功。一年后,菲奇又推出了第一艘明轮蒸汽船,桨轮装在船尾,船长18米,可载30名乘客。

菲奇的双排竖桨蒸汽船“实验号”

1790年,菲奇的明轮蒸汽船在费城和巴尔的摩之间开辟了一条航线,但汽船操作经常失灵,乘客很少,入不敷出。船员们纷纷辞职，投资商撤回了资金并向他追债，客运被迫终止。更不幸的是,1792年这艘船被一场暴风雨摧毁。菲奇动身去法国求援,可惜没能得到支持,失望地回到美国。1798年，菲奇设计了装有螺旋桨的轮船，可惜这艘船在未组装成

“实验号”在特拉华河上试航

功时就被毁坏了。这位发明家耗尽了经费，贫病交加，最后服药自杀。

与此同时，英国发明家威廉·赛明顿也潜心研究蒸汽轮船。1801 年，他采用瓦特发明的水平式单缸蒸汽机做动力，建造了一艘用桨轮驱动的木船，船长 17.4 米，宽 5.4 米，桨轮装在尾部。因为投资人的缘故，这艘轮船被命名为"夏洛特·邓达斯号"。1802 年 3 月，该船在连接英国苏格兰爱丁堡和格拉斯哥两大城市的福斯—克莱德运河上试航，它牵引着两艘载重共 70 吨的驳船，航行了 6 小时，行程达 32 千米，试航取得了成功。1803 年，赛明顿又制造了一艘用作拖船的蒸汽轮船，准备在克莱德运河上开展货运业务。当时，运河上的运输方式仍然是靠畜力，用马拉船。如果赛明顿的发明投入商用，货运业主们就会打破饭碗，于是，马拉船主们联合起来反对赛明顿。他们四处散布："'夏洛特·邓达斯号'轮船航行时激起的波浪，会严重损害运河堤岸，因此不准在运河上航行。"当局随即取消了赛

运河上的马拉船

赛明顿的"夏洛特·邓达斯号"

明顿的营运许可证，赛明顿被迫停止了航行。在失望和郁闷中，赛明顿在伦敦去世。

张开逊在《回望人类的发明之路》一书中，曾引用了一个饶有意味的故事。故事说：菲奇、赛明顿和富尔顿三个人在天国偷了一条蒸汽船。菲奇先上船，魔鬼喊道："快还我钱!"菲奇无奈下了船。赛明顿又上了船，魔鬼喊道："波浪会毁坏堤坝！"赛明顿只好下船。第三个上船的是富尔顿，无论魔鬼怎样叫喊，富尔顿就是不下船，于是，他成了轮船的发明者。

正所谓性格决定命运。当然，机遇和运气也是重要的因素。那位用满怀豪情感染过富尔顿的詹姆斯·拉姆齐，他的失败也是时运不济。

继达万、菲奇、拉姆齐、赛明顿之后，还有一位美国发明家，名叫约翰·史蒂文，也对蒸汽轮船的发明作过重要的贡献。约翰·史蒂文生于美国新泽西州，是一位律师出身的工程师，他在 1792 年取得了蒸汽机轮船的专利。1804 年，55 岁的史蒂文造了一艘小型的蒸汽船，船上装备了一对螺旋桨，他以女儿的名字将船命名为"小朱莉安娜号"，随后开始在哈得孙河上航行，取得了初步成功。后来该船因锅炉连接处爆裂而告终。三年后，史蒂文又建造了"菲尼克斯号"轮船，改用桨轮推进。不久，这艘蒸汽船成了往来于曼哈顿和霍博肯之间的渡轮。"菲尼克斯号"是"不死鸟"的意思。第一次试航时，史蒂文驾驶轮船从纽约驶往费城，"菲尼克斯号"在海上遇到风暴，历尽艰险，最终平安到达费城。这是蒸汽船第一次在海上航行。史蒂文之子罗伯特·史蒂文也和父亲一起从事轮船的发明制造，父子俩曾开辟了费城至奥尔巴尼之间的定期轮渡。

拉姆齐在伦敦多方奔走，始终没有得到企业家的赞助，后来在绝望中抑郁而死。在他去世之前，伦敦有位斯坦高普伯爵，对发明蒸汽轮船非常热衷。他造了一艘小型蒸汽动力轮船，动力装置由一台瓦特单向式蒸汽机和一套掌状船桨组成，其原理是掌桨在碰到水面时会散开，从水中提起时会收拢，凭着这一散一收推动船只前行。据说这个设计，是从朱弗莱·达万那里借鉴来的。也许当初那个法国青年发明家是从鸭蹼获得的灵感，但事实证明掌桨并不奏效。

富尔顿认识斯坦高普伯爵，曾见过他的掌状船桨。富尔顿当时就断言这种系统不行，建议伯爵改用叶轮代替掌桨。但是斯坦高普一意孤行，结果那条船在泰晤士河里试航时，果然不能行驶。

早些时候，苏格兰人米勒还造过一艘用叶轮带动的蒸汽动力船。这艘船由于造得很粗糙，只试航过一次就沉没了。

拉姆齐、斯坦高普和米勒的相继失败，使轮船的梦想在英国彻底破灭了。

富尔顿意识到，发明轮船不可能一蹴而就，它不仅需要先进的技术，还需要充足的资金。富尔顿竭尽全力，也未能筹集到研制蒸汽轮船所需要的经费，只得暂时把研究蒸汽轮船的计划搁置下来。

为了生存富尔顿当起了土木工程师，先后在伦敦、伯明翰等地承担铺路修桥、开挖沟渠和房屋建筑的工作。1794 年，他向英国政府提出用蒸汽带动渠道门闸的设计方案，但是没有引起政府重视，也没有企业家愿意投资。他还发明了大理石锯割机和绳索搓编机，大大提高了生产效率。

此后，富尔顿致力运河工程的研究，由于勤奋努力，他的才能在这里有了很好的施展。1796 年，他出版了《论运河航行的改进》一书，积极主张用蒸汽机取代马匹作为牵引船只的动力，但他的主张没有得到政府和实业界的认可。当时的河运业处于严密的垄断局面，那些营运者墨守成规，害怕任何重大的技术改进会影响他们的货运安全。

富尔顿的研究由于得不到资助，渐渐陷入困境。富尔顿意识到，继续待在英国找不到任何发展的机会。1796 年，他离开伦敦，去了法国。这一年他 31 岁，离为瓦特画肖像已过去了 10 年。

KEXUE JUREN DE GUSHI

# 为理想而奋斗

## “鹦鹉螺号”潜艇

*yingwuluohaoqianting*

为了使自己的研究工作继续下去，富尔顿来到法国后，决定寻求支持者。

富尔顿在英国期间，积累了丰富的运河工程经验。他到法国巴黎做的第一件事，就是向法国政府和一些财团提出建议——在法国的主要河流间修建运河网。这样既可以拓展法国的河运事业，也能获得很好的经济效益。

可是政府官员答复他说，欧洲连年不断地打仗，法国饱受战争之苦，国库空虚，顾不上考虑和平发展计划，只有与军事有关的提案才有可能被采纳。同样，资本家对他的运河网计划也不感兴趣。

富尔顿便改变计划，决定设计一艘新型潜艇。当时英国海军是海上的霸主，在海上肆意妄为，不可一世，法国军舰不是英国舰队的对手。富尔顿心想，如果研制成功能对敌舰发起致命攻击的潜艇，一定能受到法国海军的欢迎。

在美国独立战争时期，美国有位耶鲁大学的毕业生戴维特·布什内尔，在乔治·华盛顿的支持下发明了一艘原始

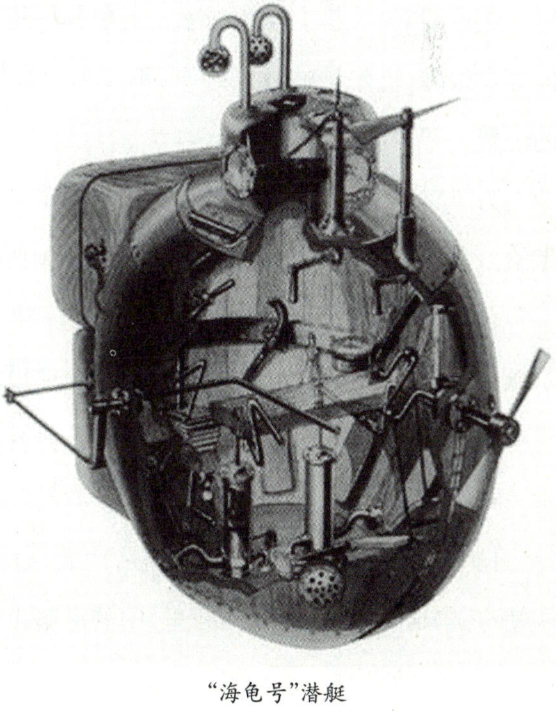

“海龟号”潜艇

的潜艇，命名为“海龟号”。这是近代潜艇的雏形，艇高约2米，外壳由橡木制成，可容纳一人，外形就像一枚大地雷，靠艇内空气可供驾驶员在水下呼吸半个小时左右。1776年9月7日深夜，美国海军中士埃兹拉·里驾驶着“海龟号”，用一包炸药袭击停泊在纽约港斯塔顿岛附近的英国“鹰号”战舰，但没有成功。

富尔顿对“海龟号”潜艇进行了改进，成功地设计出一艘潜艇的模型。1797年，富尔顿将他的潜艇方案呈给法国内阁。一些内阁成员看后，认为他的方案难以实施，因而拒绝提供研制资金。富尔顿没有气馁，自己花钱造了一艘潜艇的模型，连同新提案再次提交给法国内阁。起初，潜艇模型引起了内阁的关注。但经过很长时间后，最后被法国海军否决了。

富尔顿又前往荷兰，希望荷兰海军采纳自己的发明。但是，他在荷兰也遭到了冷遇。这时，富尔顿在英国当工程师积攒的钱几乎花光了。为了生计，他不得不重拾画笔，当起了职业画家。富尔顿高超的画技帮了他的大忙，请他绘画的客户很多，富尔顿的收入颇丰，不仅为他提供了生活保障，也解决了搞实验的经费。

为了实现潜艇计划，在之后的三年里富尔顿游遍欧洲，一心想把他的潜艇献给一个愿意听取其建议的国家，结果都无功而返。

1800年，拿破仑·波拿巴新任法国首席执政官，标榜保护科学和艺术。富尔顿认为这是重提潜艇计划的机会，于是把设计方案呈给拿破仑。拿破仑委任了一个专家委员会，对富尔顿的提案进行研究。委员会对富尔顿的设计方案给予一致好评，法国政府因此拨出一笔专款给富尔顿研制潜艇。

1800年5月，富尔顿的潜艇建造完成，命名为“鹦鹉螺号”。后来法国作家儒勒·凡尔纳的小说《海底两万里》中的潜艇也叫“鹦鹉螺号”，也许灵感就来自富尔顿的这艘潜艇。富尔顿的潜艇形状像一支雪茄，艇长6.3米，以铁做框架，用铜做壳板。潜艇动力装置为人力转动的螺旋桨，另有一个可折叠的桅杆和可以收放的小风帆，以确保潜艇水面航行时能快速前进。只要将海水注入压载水柜，潜艇就会下潜，下潜过程中使用一个水平舵，使潜艇稳稳地保持在所希望的深度。为了便于观察，富尔顿还在艇体的中央建造了一个带玻璃罩的指挥塔。艇里带有压缩空气，可供4个人和2支照明蜡烛在水下使用3小时。“鹦鹉螺号”航速每小时2海里，能潜至水下8~9米，主要武器是水雷，攻击方式与“海龟号”完全一样，但潜艇的性能有了许多改进。

1800年夏天，“鹦鹉螺号”下水试航，但因潜艇搁浅没有成功。不过，之后不久进行的第二次试航，获得了成功。潜艇里只有富尔顿和一名船员，潜艇入水20分钟之后在很远的地方浮出来，证明了水下潜行是可能的。富尔顿对“鹦鹉螺号”又作了进一步改进。在接下来的一次实验中，富尔顿在水下待了4个小时，浮出的地方离潜入处有14海里。但是在实战实验时，潜艇却没有取得预期的战果。

就在这时，法国海军部长易人。新上任的海军部长对富尔顿的发明嗤之以鼻，奚落道：“还美名其曰‘鹦鹉螺号’哩，纯粹是异想天开，中看不中用。”

“鹦鹉螺号”没能取得预期的战果，拿破仑对潜艇也失去了兴趣，下令停止对潜艇实验的拨款。

富尔顿在失望之下越过海峡，将他的潜艇献给了英国。英国首相威廉·皮特对

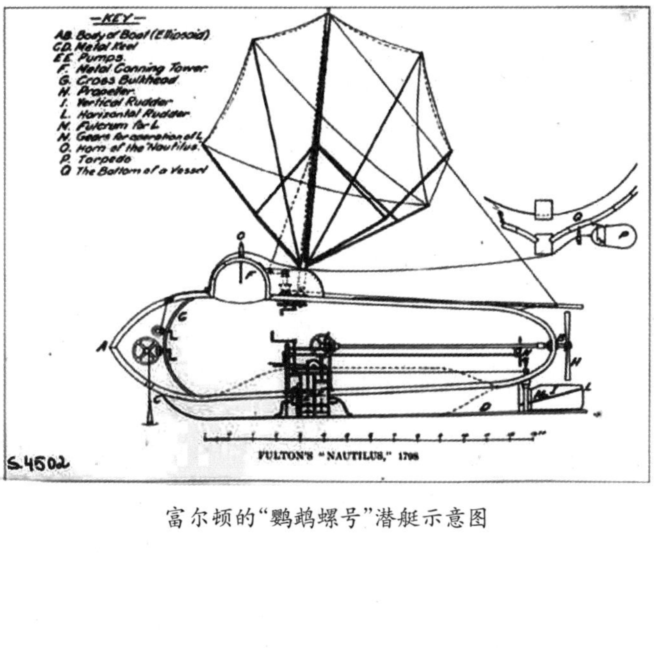


富尔顿的“鹦鹉螺号”潜艇示意图

富尔顿的发明颇感兴趣。在他的支持下，富尔顿对“鹦鹉螺号”再次作了改进。1802年，“鹦鹉螺号”在英国法尔默附近的海上进行实验，用水下鱼雷一举击沉了一艘双桅帆船“多罗西亚号”。但不走运的是，不久皮特首相逝世，英国海军大臣圣文森特极力反对建造潜艇，并称“皮特是有史以来最愚蠢的人，竟然鼓励这样一种作战方式，如果潜艇获得成功，我们的制海权就会立刻被剥夺掉”。就这样，富尔顿的潜艇又在英国遭到拒绝。

由于屡遭挫折，富尔顿不得不停止了潜艇实验。他决定改弦易辙，全身心地投入到蒸汽动力轮船的研究中。

## 贵人利文斯顿

*guirenliwensidun*

富尔顿一路走来，得到许多贵人相助，诸如推荐他赴英深造的大科学家富兰克林、资助他路费的富翁斯科比特、收他为徒的大画家本杰明·韦斯特，还有大发明家瓦特，鼓励他投身发明事业。在最困难的时候，富尔顿又遇到一位贵人，他就是美国驻法国公使罗伯特·利文斯顿先生。

罗伯特·利文斯顿也是美国政界的一位风云人物，著名的政治家、外交家和实业家，曾参加《美国独立宣言》5人起草委员会，与富兰克林是密友。1803年，拿破仑将法国殖民地路易斯安那领地以每英亩4美分的低价卖给美国，就是罗伯特·利文斯顿一手促成的。这笔买卖美国占了大便宜，这块领地并入美国版图后，成为路易斯安那州。

利文斯顿还是个著名的工业活动家和机械迷，他很早就对蒸汽轮船产生了兴趣。在富尔顿离开伦敦赴法国的第二年，即1797年，利文斯顿在纽约哈得孙河上曾实验过一艘用蒸汽机带动的船。这艘船是利文斯顿出钱，按照一个英国工程师的设计方案制造的。实验的效果给利文斯顿很大的希望。颇有商业头脑的利文斯顿，立即向纽约州政府申请在该州河流上独家经营蒸汽轮船的特许权。州政府批准了这一特许权，但有个条件，就是利文斯顿必须在一年内造出一艘时速不低于4.8千米的蒸汽轮船。这是当时帆船的平均航速。利文斯顿邀请律师出身的工程师约翰·史蒂文一起合作，但是试制出来的蒸汽轮船速度，一直达不到州政府的要求。

罗伯特·利文斯顿(1804年绘)

利文斯顿听说有个来巴黎发展的美国青年工程师富尔顿，对蒸汽动力船很有研究，于是他约见了富尔顿。

富尔顿久仰利文斯顿的大名，但并不知道他还是一个研制蒸汽轮船的推手。两人志同道合，相见甚欢。利文斯顿发现富尔顿知识渊博，思路敏捷，在机械工程方面具有丰富的经验，十分惊喜。

“能认识你，我很高兴！”利文斯顿说。

“我也是，很荣幸结识先生。”富尔顿率直地说，“我以前只知道您是个外交家，不知道您对蒸汽轮船这么投入，真的没想到。”

“有人向我介绍过你的‘鹦鹉螺号’潜艇。”

“我是屡战屡败。”富尔顿自嘲道，“也许现在搞潜艇有点超前，只好暂时搁置了。”

“下一步你有什么打算呢？”利文斯顿问他。

“我打算回美国去碰碰运气。”富尔顿回答道，“我的最大理想，其实是要造一艘用蒸汽机驱动的轮船——这是我毕生的梦想。”

“我们的理想完全一样。”利文斯顿面露喜色，力劝富尔顿留在巴黎，着手实施蒸汽机轮船的研制。他表态说：“研制所需的一切费用由我承担。”

妻子哈丽特肖像(富尔顿绘)

对富尔顿来说，利文斯顿的赞助不啻是雪中送炭，他被利文斯顿的诚意打动了，立即表示很愿意合作。

于是，他们成立了一家轮船制造公司，利文斯顿提供资金，负责经营管理；富尔顿提供技术，负责研究制造，预期的获利由双方共享。后来的发展表明，这是一个绝佳的黄金组合。利文斯顿对富尔顿的支持和帮助，相当于大实业家博尔顿对瓦特的资助。没有博尔顿、利文斯顿这些有眼光的实业家做后盾，就不可能有瓦特的蒸汽机和富尔顿的蒸汽轮船的成功。

利文斯顿非常赏识富尔顿，后来把女儿哈丽特也嫁给了他。电话发明家贝尔也是这样的幸运儿，他的赞助人哈伯德是位律师出身的大实业家，也是把女儿嫁给了贝尔。富尔顿和哈丽特小两口很恩爱。有一幅哈丽特的微型肖像画绘在象牙上，就是富尔顿精心绘制的。

富尔顿总结前人制造蒸汽船失败的原因，对轮船吃水量与动力的关系，船体长、宽、高的比例，蒸汽机的振动与水的阻力的关系，桨轮的大小、形状等一系列技术问题进行了详细的研究。他认为蒸汽轮船最合适的结构，应该是带桨叶的环形链条。这种装置便于用蒸汽机带动，桨叶又能对水造成最大的压力，使船的推进速度达到最大。

富尔顿在偏僻的奥格朗河选择了一个河段，开始制造这种蒸汽轮船。当他的船即将竣工时传来一个坏消息：里昂有个名叫德布兰的工程师，在索恩河上进行了蒸汽轮船的实验，采用的也是这种带桨叶的环形链条结构，但是实验结果很不理想。于是，富尔顿不得不放弃这种方案。

研制工作出师不利，让利文斯顿蒙受经济损失，富尔顿有点沮丧。利文斯顿却鼓励富尔顿不要灰心，支持他另辟蹊径。经过反复比对，富尔顿最后发现采用叶轮方案最好。1802 年富尔顿在英国实验“鹦鹉螺号”潜艇时，曾经专程去苏格兰参观了赛明顿制造的“夏洛特·邓达斯号”轮船，印象颇为深刻。“夏洛特·邓达斯号”采用的就是叶轮。于是公司决定，按这种方案造一艘用蒸汽机驱动的大船。

## “富尔顿的蠢物”

*fuerdundechunwu*



1803 年，富尔顿克服种种困难，终于造出第一艘以蒸汽作为动力的轮船。这艘船长 21 米，宽 3.3 米，吃水深度为 1 米，船上装有一台 8 马力的蒸汽机，以带动装在船两侧的明轮划水前行。

一个风平浪静的日子，富尔顿在巴黎塞纳河上举行了试航。岸上挤满了围观的人群，有好奇的绅士和淑女，也有赶来看热闹的市民。

这艘轮船其貌不扬，船上的主要部位安放着一台烧煤的大蒸汽锅炉，看上去十分笨重，一根粗大的烟囱耸立在船的中央。岸上围观的人戏称它为“富尔顿的蠢物”。

富尔顿的蒸汽轮船在试航

"这铁家伙太笨啦!"

"也许一解开缆绳就会沉底吧!"

"听说这个叫富尔顿的美国小子造过一艘潜艇，沉在水底就浮不起来了。"

"那太可怕了!"

"看呀，烟囱还在冒烟呢。"

众人把视线转向蒸汽轮船,只见富尔顿一声令下,轮船发出一阵震耳的轰鸣,烟囱里一股浓烟上冲,两侧的明轮开始转动,拍打着水面,轮船缓缓离岸。

这"蠢物"果然很不争气,在塞纳河上吐气冒烟,走走停停,走了没有多远就不动了。只见烟囱里冒出滚滚浓烟,轮船吼叫着,停在河中央动弹不得。

人群里爆发出一阵哄笑声。这次试航就在人们的嘲笑中结束了。

更邪门的是，当天夜里一场狂风暴雨袭来，富尔顿的蒸汽轮船被打成两截,沉入河底。观众们白天的冷嘲热讽居然一语成谶,富尔顿懊丧极了。次日清晨,富尔顿在众人的帮助下,把沉入河底的蒸汽机和锅炉打捞上来。富尔顿发现蒸汽轮船出事的原因是,锅炉和蒸汽机过于笨重,船身的强度不够,导致船体在暴风雨中断裂。这个教训是惨痛的。

看着多年辛劳的成果付之东流,富尔顿伤心得流下了眼泪。

利文斯顿安慰他:"不要气馁,失败是你交付的学费。"

"可花的都是您的钱。"富尔顿很内疚。他已经两次让利文斯顿破财了,公司一直亏损，继续搞下去还会付出更大的代价。

利文斯顿相信自己的眼光和富尔顿的实力。他坚信，蒸汽轮船的研制成功不仅会给航运业带来一场变革，也会给发明家和合伙人带来可观的效益，这个效益必将大大超过全部投资。而且他相信，能最后实现把蒸汽用于船只航运的人，非女婿富尔顿莫属。

踌躇满志的富尔顿

在利文斯顿的鼓励和支持下，富尔顿很快从失败中振作起来。就像对待自己的孩子一样，富尔顿对第一艘蒸汽轮船满怀爱心，下决心要把这个“蠢物”改造成人见人爱的“宠物”。

幸好从河底打捞上来的机器完好无损，富尔顿立即进行改造。他重新设计船只，特别加厚了船体，不久又建造了一艘尺寸更大、更坚固的蒸汽船，船长33米，宽4.5米。1803年8月9日，富尔顿在塞纳河上再次进行实验，获得了初步成功。船在河里航行了一个半小时，顺水航速为每小时5千米，逆水航行为每小时3千米，已基本达到当初纽约州政府对利文斯顿提出的要求。富尔顿还不满意，决心再建造一艘性能更理想的蒸汽轮船，并让它真正地投入到实际运用中。

这时富尔顿想到了拿破仑，那位曾经拨款给他研制潜艇的法兰西首席执政官，如今已是横扫欧洲大陆、不可一世的军事统帅。

# 拿破仑的失误

napolundeshiwu

1803年8月，富尔顿听说拿破仑准备越过英吉利海峡对英国作战。他满怀希望地来到杜伊勒里宫，要求觐见拿破仑。当时，拿破仑的海军虽然堪称庞大，但是舰船都是木结构，航行主要靠风帆作动力。而他的对手英国海军却非常强大。这致使拿破仑与英军海军统帅纳尔逊对阵时，常有英雄气短之感。

“这个富尔顿我知道，让他进来吧。”拿破仑对随从说。

拿破仑对“鹦鹉螺号”潜艇实验还有印象，这个美国发明家来求见，也许又有什么新名堂。

富尔顿把蒸汽轮船的设计图和模型图呈给拿破仑，建议法国建一支不要风帆的蒸汽机驱动的舰队。

富尔顿滔滔不绝地说：“一台20马力的蒸汽机可以抵得上20面鼓满的风帆，陛下的舰队再也不必待在港口里等待好天气才能出航，到那时，纳尔逊一定会闻风丧胆。”

拿破仑在“贝列洛风号”帆船上(油画)

“纳尔逊可不是纸老虎。”拿破仑说。

富尔顿继续陈述道：“要是法国海军采用了我发明的蒸汽轮船，即使在恶劣天气，这支舰队也可以在英国登陆，一举粉碎英国无敌舰队的神话。”

拿破仑已听说了富尔顿在塞纳河上试航受挫的情况，觉得这个美国发明家言过其实，有些夸张，于是问道：“我想知道，法国海军如何采用你发明的蒸汽轮船呢？”

富尔顿回答，要砍掉法国军舰上的桅杆和风帆，用瓦特的蒸汽机来做动力，还要把军舰上的木板换成钢板。这个想法太超前了，当时英国人特里维西克试制的蒸汽机火车还没有成功，富尔顿还没有造出一艘真正意义上的蒸汽轮船，所以拿破仑很难相信这种闻所未闻的蒸汽船能够实现。

拿破仑冷冷地说：“在甲板上升一堆火，扑哧扑哧冒着烟去打仗，你不觉得这很可笑吗！”

“陛下，冒着烟的军舰开动起来，要比不冒烟的帆船快得多哩！”富尔顿辩解道。

拿破仑顿时沉下脸，打断富尔顿的话说：“你只说船快，却只字不提铁板、蒸汽机和煤的重量，我不说你是个骗子，你也是个十足的笨蛋！”拿破仑不相信军舰没有了风帆还能航行，他宁可花大笔的钱扩充他那由帆船组成的海军舰队。

这位法国统帅拒绝了富尔顿的建议。他自负地说：“当发起进攻时，我们只需有 8 小时黑夜的掩护，就可以决定世界的命运了。”

富尔顿碰了一鼻子灰，非常失望。离开杜伊勒里宫那一刻，他已暗下决心向法国说“拜拜”。拿破仑最终与蒸汽轮船失之交臂。

拿破仑为自己的偏执和自大付出了代价。1804 年，随着他的一声号令，1300 多艘平底帆船满载着 10 万法国大军，浩浩荡荡地向英国进发。庞大的船队不乏黑夜的掩护，可是缺乏天气的庇护：英吉利海峡恶劣的气候和海浪，很快就把这支没有机械动力的船队摧毁了，拿破仑不战自溃。

特拉法尔加海战阵容

1805年10月21日，在西班牙的特拉法尔加角外海发生了一场19世纪规模最大的海战——特拉法尔加海战，此役被称为“帆船时代的最后一战”。参战的法国和西班牙联合舰队有战舰33艘，英国舰队有战舰27艘。战斗从拂晓开始，到下午4时许结束，英国舰队大获全胜。法西联合舰队33艘战舰中，8艘被击沉，21艘被俘，人员死伤和被俘达7000余人，法国海军主帅维尔纳夫也被俘，法国海军精锐尽丧。而英国战舰无一损失，仅伤亡1600余人，英国海军主帅纳尔逊在这次海战中不幸阵亡。这次海战结束了长期以来英法争夺海上霸权的斗争，法国海军从此一蹶不振，拿破仑被迫放弃进攻英国本土的计划，英国海上霸主的地位得以巩固。

事后有军事评论家指出，如果拿破仑当时接受富尔顿的建议，用蒸汽轮船装备法国的舰队，那必然能击败英国，19世纪以后的欧洲历史也许将完全是另一个样子。

KEXUE JUREN DE GUSHI

# 乘风破浪

# 瓦特的支援

watedezhiyuan

富尔顿在法国受挫后,他和利文斯顿转向了美国。

1805年,富尔顿带着多年的研究成果回到纽约。他和利文斯顿在纽约东河附近建了一个造船厂,招募了一批技术工人,开始建造一艘新的蒸汽轮船。

美国虽然是个新兴的国家,不像英国、法国那样封闭保守,但蒸汽轮船毕竟是新生事物,很多人都不理解。纽约不少市民把蒸汽轮船看作"怪物",认为富尔顿是个疯子。甚至有人奚落富尔顿(Fulton)为"富愚钝"(Full tomfool),即"大傻瓜"。

富尔顿并不气馁,他被成功的希望所鼓舞,全身心地投入研制工作。

利文斯顿对富尔顿说,任何一项发明要取得最后成功,必须具备三个条件:一是要有足够的资金,二是要有先进的技术和完备的实践经验,三是要成功地投入商业运作。这三者缺一不可,尤其是最后一条,许多发明家功亏一篑,往往就是因为最终未能占领市场而被抛弃。新研制出来的蒸汽轮船,航速一定要高于目前的帆船航速,有效载重量应不低于同样大小的帆船,轮机运转可靠性要强,否则无法投入运营。

富尔顿很赞成利文斯顿的见解,两人达成共识。从一开始,他们就很重视蒸汽轮船在美国进行商业运营的前景。经利文斯顿的多方奔走,纽约州政府给他们颁发了在哈得孙河上行驶蒸汽轮船20年的特许权,条件是必须在两年内造出一艘逆行时速不低于6.4千米的蒸汽轮船。这比上次要求时速4.8千米的条件更高。为了达到这一目标,需要马力更大、体积更小的蒸汽机。富尔顿决定向瓦特求援。

富尔顿(41岁)

富尔顿前往英国,拜会了瓦特。他提出了自己的设想，希望瓦特为他正在研制的新蒸汽轮船提供高效率的蒸汽机。

这时瓦特已经70岁，但是精神矍铄，身体很好。当年和富尔顿的一席谈话,改变了富尔顿的人生。瓦特欣慰地看到,20年后富尔顿已成为一位杰出的机械工程师和发明家,他很乐意助富尔顿一臂之力。

于是，博尔顿—瓦特公司接受了富尔顿的订货。1806年12月,一台按照富尔顿的要求由瓦特新设计的蒸汽机制造完成,并运到纽约。它为富尔顿的新蒸汽轮船提供了强劲的动力。

经过近一年的努力,富尔顿制造出一艘新的蒸汽轮船。这艘轮船采用木结构,船长42米,宽9米,排水量400吨。船上安装了一台博尔顿—瓦特公司生产的当时最先进的蒸汽机——马力大、重量轻、可靠性强,船的两侧舷外装有直径4.5米的叶桨,叶桨依靠蒸汽动力转动推动船只前行。这种叶桨被称为明轮。这艘船被命名为“克莱蒙特号”,是以罗伯特·利文斯顿的故乡来命名的。

第一艘实用的蒸汽轮船“克莱蒙特号”

“克莱蒙特号”的外形比富尔顿在塞纳河中试航的船神气多了,性能也比以前其他发明家的蒸汽轮船更优越。赛明顿当年造的“夏洛特·邓达斯号”长 17.4 米，宽 5.4 米。“克莱蒙特号”是“夏洛特·邓达斯号”的两倍多，航速也快得多。

“克莱蒙特号”的造价不菲。富尔顿在法国的前期实验，已经耗尽了利文斯顿的大部分财产。为了保障“克莱蒙特号”的试制能进行下去，利文斯顿和富尔顿曾在纽约寻找新的合伙人。他们打算找一个新的投资者，由他承担三分之一的试制经费，同时享有以后三分之一的赢利分成。但由于当时蒸汽轮船运营获利的前景非常渺茫，谁也不愿意冒险投资，让钱打了水漂。

在这关键时刻，利文斯顿毅然决定即便是倾家荡产，也要把新蒸汽轮船造出来，于是他把自己剩余的钱全部拿出来，独资建造“克莱蒙特号”。利文斯顿的做法是冒了很大的风险，有点破釜沉舟的意味，称得上是蒸汽轮船航运史上的一个壮举。

## “克莱蒙特号”首次试航

*kelaimengtehaoshoucishihang*



1807 年 8 月 17 日，“克莱蒙特号”在纽约哈得孙河正式试航。

这次试航无论是对富尔顿还是利文斯顿，都具有非凡的意义，成败在此一举。对利文斯顿来说，倘若这次实验失败，他和家人将变得一贫如洗，而且耗费了他大量心血的伟大事业将付之东流。对富尔顿来说，如果实验取得成功，将是他命运的转折点，他一生追求的理想将变成现实；假如实验失败，他将永远背负着“疯子”和“富愚钝”的恶名，也许会像那些悲剧性的发明先驱们一样，在贫困潦倒中死去。

这一天，天气晴朗，万里无云，哈得孙河的两岸聚集了许多好奇的观众。

当富尔顿离开码头登上“克莱蒙特号”时，人群中发出一片口哨声和一阵嘲笑。

“这个大家伙能开得动吗？”

“可别又沉到河底去！”

富尔顿走进驾驶舱，镇定地发出起航的命令。

在众人的注目下，“克莱蒙特号”的大烟囱冒出滚滚浓烟，蒸汽机有节奏地轰隆作响，船舷两侧的明轮徐徐转动起来。两岸一片沉默，观众们屏息凝神地注视着这一切。随着蒸汽机的轰鸣声，“克莱蒙特号”缓缓离岸，驶向江心。一位观众突然大声喊叫起来：“天哪，那玩意儿开动啦！”人群中顿时爆发出热烈的喝彩声。

只见“克莱蒙特号”舷侧的明轮飞快地转动着，汽船加快速度破浪前进。有些看热闹的小伙子，竟然在岸上跟着轮船奔跑起来。这时，船上的40名乘客和岸上的人群都欢呼起来。利文斯顿高兴得像个得了大奖的孩子。

“克莱蒙特号”首次试航

在驾驶舱里亲自操作机器的富尔顿不禁热泪盈眶，激动万分。

的确，“克莱蒙特号” 正以每小时 8 千米的速度破浪前进，蒸汽机的轰鸣声和飞溅的浪花向世人证实:富尔顿成功了!

“克莱蒙特号”从纽约出发,沿哈得孙河逆流而上,终点是奥尔巴尼城。

人们从来没有见过在河面上行驶这样巨大的怪物,它大声轰鸣着驶过来,高高的烟囱里冒出黑烟,明轮推动河水发出哗哗的响声。一路上,“克莱蒙特号”把一艘艘帆船抛在后面,沿河两岸的居民看到这个情景都惊骇不已。

就这样,“克莱蒙特号”载着乘客航行了 32 小时,完成了普通帆船需要航行四天四夜的里程,顺利抵达距纽约 240 千米的奥尔巴尼城。“克莱蒙特号”的平均时速达到 7.5 千米,超过传统的木帆船,比河上航行特许权中规定的速度还要快 1.1 千米。

“克莱蒙特号” 的试航成功,显示出蒸汽动力轮船的极大优越性,标志着船舶发展进入一个新时代。从此蒸汽动力代替了人力、风力,蒸汽动力轮船时代代替了帆船时代,开创了航运史上的新篇章。

同年 9 月 7 日至 11 日,“克莱蒙特号”又进行了一次成功的远距离试航,从纽约出发,沿着哈得孙河溯流而上,抵达奥尔巴尼后再返回纽约,往返航程 480 千米。此后“克莱蒙特号”在哈得孙河上定期航行,开启了蒸汽轮船的新时代。

富尔顿这次试航的成功,使人们深刻地认识到蒸汽轮船的威力,正式揭开了航运史上轮船时代的序幕。尽管在富尔顿之前有不少先驱者曾制造出轮船,但却无一人取得成功,世界公认的轮船发明人是富尔顿。

## 再接再厉

*zaijiezaili*

“克莱蒙特号”轮船的试航成功,并不是每个人都为之叫好,一些保守的人甚至断言"克莱蒙特号"难以投入商业运营。对于这些非难,富尔顿并不在意,他认为事实胜于雄辩,只要轮船的性能优于帆船,人们自然会作出选择。

正因为如此,富尔顿并不满足于试航的成功,而是着手改进"克莱蒙特号"的一些不足,并把船速由每小时7.5千米提高到每小时10~13千米。

不久,富尔顿和利文斯顿取得了在哈得孙河上航行的独占权,并开办了船运公司。"克莱蒙特号"开始在哈得孙河上定期航行,载客运货,成为世界上第一艘商业运营的蒸汽轮船。

在正式运营前的一个星期,利文斯顿和富尔顿在纽约各报上刊登了由他俩签名的广告:一个星期后"克莱蒙特号"将在纽约和奥尔巴尼之间通航,每隔4天从两座城市中的一个城市开船,开船时间是早晨,次日晚上抵达另一个城市。票价低廉,仅收6美元。

颇富戏剧性的是,第一航班运行时没有一名乘客搭乘。

到了开船的那一天,码头上涌来了一大群人,但他们并不打算搭乘"克莱蒙特号",而是来看热闹的。这些看客是想瞧一瞧,纽约有哪个勇士敢坐富尔顿的"鬼机器"船。尽管"克莱蒙特号"的试航成功有目共睹,人们都看见富尔顿和职员们坐在船上并无危险,但谁也不愿意把自己的性命托付给这样一艘靠魔

"克莱蒙特号"投入运营

鬼一样的机器带动的极不可靠的船。

结果，没有一个人愿意买票上船！

于是，“克莱蒙特号”从纽约到奥尔巴尼的第一航班，没有一个乘客。船从奥尔巴尼返回纽约时，所幸有一个乘客买票上船，这位勇敢的乘客令富尔顿深受感动。当乘客把6美元船票钱递给富尔顿时，富尔顿不禁热泪盈眶。他久久凝视着这位乘客，这是对他多年努力赐予的第一份奖赏。

乘客不解地望着富尔顿，以为钱给少了。

富尔顿知道他误会了，立即握住他的手再三称谢：“谢谢您乘坐‘克莱蒙特号’！真的谢谢！谢谢您信任我的船！我本来想请您和我一起喝酒的，但我现在穷得连瓶酒都买不起。等我的处境改善以后，希望我们有机会再次见面。那时我们一定开怀畅饮，来纪念今天这个日子。”

后来，两人果真见了面。富尔顿对这首位乘客始终怀着感激之情，他说：“在别人都不相信我时他信任我。”

1808年4月6日，纽约州议会将利文斯顿和富尔顿的特权延长到30年，并宣布对任何不经许可进入纽约州任何航道行驶蒸汽船的行为给予处罚。

航行在美国密西西比河上的“德尔塔皇后号”蒸汽轮船
（明轮装在尾部，此船因多层客舱构成的高楼层而闻名）

后来，乘坐蒸汽轮船的客人越来越多。随着乘客的增多，“克莱蒙特号”创下了丰厚的收益。没有多久，2万美元的成本就赚了回来。富尔顿和利文斯顿成为轮船商业运营的开创者。1809

年，富尔顿和利文斯顿又建造了第二艘、第三艘蒸汽轮船。到 1811 年，总共投入了 5 艘蒸汽轮船。接着，在美国密西西比河和俄亥俄河上也出现了蒸汽轮船。此后五年间，美国和欧洲的内陆河流中，已经有 50 多艘蒸汽轮船投入了商业性航运。

1811 年 4 月 9 日，纽约州议会通过了一项《垄断法》，对违法行为的惩罚更甚于 1808 年的法案。1811 年 4 月，奥尔良地区的议会也向利文斯顿和富尔顿授予特许权，准许他们享有与纽约州一样的航运权。这样，利文斯顿和富尔顿就控制了美国航运贸易最繁荣的两大区域。他们为发明实用蒸汽轮船所付出的一切投入，终于得到了回报。

## "轮船之父"

*lunchuanzhifu*

1812 年，富尔顿为美国海军设计制造了世界上第一艘蒸汽机军舰，命名为"富尔顿 1 号"。富尔顿建造靠蒸汽机驱动的军舰之梦终于实现了，而且不是为英国、法国，而是为自己的祖国。该舰长 43.5 米，宽 16.5 米，排水量 2745 吨，装有 30 门火炮和铁甲，于 1815 年 6 月首次试航并取得了成功。这艘军舰是用来保卫纽约港的。

富尔顿一生共建造了 17 艘轮船，为人类的航运事业作出了伟大的贡献。就在生命的最后一年，富尔顿还在美国国会敦请下，亲自设计制造了一艘快艇。

1815 年 2 月 24 日，富尔顿因病去世，终年仅 50 岁。

美国为失去这位伟大的发明家而举国哀悼，纽约立法院也暂时休会。所有的团体都来送葬，送葬的队伍绵延几千米。在送葬队伍行进时，"富尔顿 1 号"

不停地鸣放着礼炮。

富尔顿把一生献给了蒸汽轮船事业。他的第一艘实用蒸汽轮船“克莱蒙特号”在世界航运史上写下了重要的一页。富尔顿那不畏艰难、勇于探索、百折不挠的精神永远激励着后人。

正如俄国作家阿勃拉莫夫评价富尔顿所说：

> 富尔顿的一生乃是最典型的发明家的一生，是把自己的全部精力、全部智慧奉献给他所热爱的理想的一生。对这种人来说，除了实现自己的发明外，不存在别的私生活。瓦特、富尔顿、爱迪生以及其他许多发明家的一生都是如此。富尔顿的一生最好地说明了，一个发明家把全部精力和兴趣都集中在他所选定的某一方面是多么重要。倘若他不是这样埋头于自己的发明，毫无疑问，他每走一步所遇到的障碍和失败就会使他心灰意冷，使他把注意力转向别的方面，这样，人类也许还要久久等待蒸汽机应用于船只航行这个理想的实现。
>
> 没有必要更多地阐明富尔顿对世界所作的贡献有多么巨大。谁都知道，现在轮船有了多么大的发展，轮船在各国人民生活中有多么重要。可与富尔顿的功绩相提并论的，只有蒸汽机车、电报和印刷术这些人际交往的伟大工具发明家的功绩。

人类逐渐由帆船时代跨入轮船时代。

英国著名画家透纳于1839年画的油画《战舰归航》，非常有名。这幅油画描绘了战舰“无畏号”最后一次返航被拖曳至海斯港解体的景象。画中的“无畏号”是一艘巨大的木帆船，装备了98门船炮，在1805年的特拉法尔加海战中曾立下汗马功劳，被誉为“无畏号”战舰。该战舰服役至1838年，退役后从希尔内斯被拖至海斯港解体。所以这幅画又名《被拖去解体的战舰“无畏号”》。饶有意味的是，拖曳“无畏号”的却是一艘体型虽小但马力巨大的蒸汽拖船，强劲的明轮、高耸的烟囱，与后面竖着桅杆的庞然大物形成了强烈的反差。这标志着一个新时代的来临，新兴的蒸汽轮船取代了没落的帆船军舰。

透纳的名画《战舰归航》

透纳是一位浪漫主义画家，以画风景画见长，但他善于把握时代的脉搏，在他的作品中常常能捕捉到时代的印记。他还有一幅名画《西部大铁路：蒸汽和速度》，反映的是蒸汽机车通过梅登黑德大桥驶向伦敦的情景。

画家透纳

1818 年，英国第一艘载运邮件的明轮蒸汽机船“罗伯·罗伊号”投入运营，它在格里诺克和贝尔法斯特间载运邮件，后于 1820 年转到多佛尔至加来的邮运航路上。在美国的内河与海岸线上，蒸汽轮船也开始被广泛地使用。

1819 年，美国的“萨凡纳号”轮船成功地横渡大西洋。“萨凡纳号”重 550 吨，排水量是“克莱蒙特号”的 3 倍，但蒸汽机仅 20 马力。它有三支桅杆，能同时利用风力和蒸汽动力，是第一艘风帆设备完善同时又装有辅助蒸汽动力和舷侧明轮的轮船。“萨凡纳号"横渡大西洋用了29天半，单汽缸发动机一共开动了85小时，耗煤75吨、木材90.6立方米。由于中途煤耗尽，大部分航程靠风帆行驶，它在耗能和效率方面不尽如人意。

1838年，两艘没有风帆的英国轮船——700吨的"天狼星号"和1300吨的"大西方号"，完全用蒸汽机明轮推进横渡大西洋成功。这两艘轮船由英国大西方铁路公司建造，目的是将运输事业拓展到大西洋航运。轮船的设计者为天才与野心皆具的工程师布鲁内尔。

第一艘横渡大西洋的蒸汽轮船"天狼星号"

"天狼星号"船长53.4米，宽7.8米。"大西方号"船长78米，宽18米。3月28日，"天狼星号"从伦敦起航，横渡大西洋，于4月22日平安抵达纽约。这艘船每天要烧24吨煤。据说在航行中，它不仅耗尽了船舱里载的所有煤燃料，而且把船上一切可燃的物品全部烧掉了，才到达了目的地。这是第一艘横渡大西洋的蒸汽机轮船。"大西方号"轮船于1838年4月7日从布里斯托尔开往纽约，23日到达，比"天狼星号"晚几个小时进港。当时纽约港观者如云，欢声雷动。

1857年，英国建造的巨型轮船"大东方号"下水。

"大东方号"巨型轮船的设计者仍然是布鲁内尔。它的载客量达4000人，船长207米，船舷装有两个巨大的明轮，是当时世界上最长的船，能够装5万吨煤，航速达24千米，需要200多名烧煤工人夜以继日地工作以提供动力，4

个蒸汽引擎的功率超过 8000 马力。英国广播公司在 2003 年播出的一部纪录片中，把“大东方号”列为“工业世界的七大奇迹”之一。

1857 年 11 月 7 日，近万人参加了“大东方号”的下水仪式。但由于船体太大，它只向前滑行了 1 米的距离。后又折腾了三个月，1858 年 1 月 30 日，这艘巨无霸终于下水了。由于其建造费用高达 50 万英镑，是原本预算的4 倍，致使船主再无力继续投资。后来“大东方号”两易其主，直到 1859 年 8 月全船才最终竣工。

“大东方号”准备下水

由于船只的转手和财务破产，设计师布鲁内尔备受打击，于 1859 年 9 月 15 日在失意中黯然去世。

1864 年“大东方号”再度转手，买主看上了它为远洋航行所作的设计与巨大的承载空间，将它改装成一艘电缆铺设船。此后，“大东方号”才发挥出巨大的威力，开始盈利。1865 年 6 月，经改装的“大东方号”受大西洋电报公司委托，进行自爱尔兰至加拿大纽芬兰间跨大

铺设海底电缆的“大东方号”

西洋海底电缆的铺设作业。1866 年 4 月,“大东方号”终于成功地完成了铺设永久性的大西洋海底电缆。随后的八年间,“大东方号” 又铺设了两条跨大西洋、一条跨太平洋及一条跨印度洋的海底电缆,在人类通信史上树立了不朽的丰碑。

由于富尔顿的成功,轮船制造业开始兴盛起来,采用明轮推动的蒸汽轮船成为蒸汽轮船的主流。但明轮系统存在着明显的缺点,用明轮推进效率较低,一旦遇到大风浪,明轮经常会露出水面空转,船只摇晃得厉害。

1839 年,英国造船工程师发明了螺旋桨,安装在船尾,与蒸汽机连在一起,代替明轮做轮船的推进器。螺旋桨全部淹没在水中,遇到大风浪也不会露出水面,推进效率高。1845 年 7 月下水的英国邮轮“大不列颠号”,开始采用螺旋桨推进,虽然效果不是很理想,但开启了用螺旋桨推进的先河。今天的轮船都是依靠这种螺旋桨推动前行的。富尔顿的明轮蒸汽动力轮船在统治水上交通半个世纪后,被螺旋桨蒸汽动力轮船取而代之。

恩格斯在《英国工人阶级状况》一书中指出:“蒸汽不仅在陆路交通方面引起了革命,而且使水路交通工具具有了新的面貌。第一艘轮船是 1807 年在北美的哈得孙河下水的。”

饮水思源,人们缅怀富尔顿对世界航运事业的卓越贡献。富尔顿的名字传遍了美国和欧洲,他被誉为“轮船之父”。美国人还把他的故乡——宾夕法尼亚州的兰卡斯特郡命名为“富尔顿郡”,以此纪念他对人类作出的杰出贡献。

1896 年美国发行了一张面额为 2 美元的钞票,背面印着罗伯特·富尔顿和塞缪尔·莫尔斯的头像。这个安排挺有意思,因为两位都是大发明家,莫尔斯发明了电报,富尔顿发明了轮船;而且两位都是画家,同样是受到科学的召唤,半路出家搞出了改变世界的发明。

“上帝创造了何等的奇迹!”

这是莫尔斯1844年5月24日从纽约向巴尔的摩发出的世界上第一份电报。

这个上帝不是耶稣，正是富尔顿和莫尔斯这些不墨守成规、敢于创新的人杰！

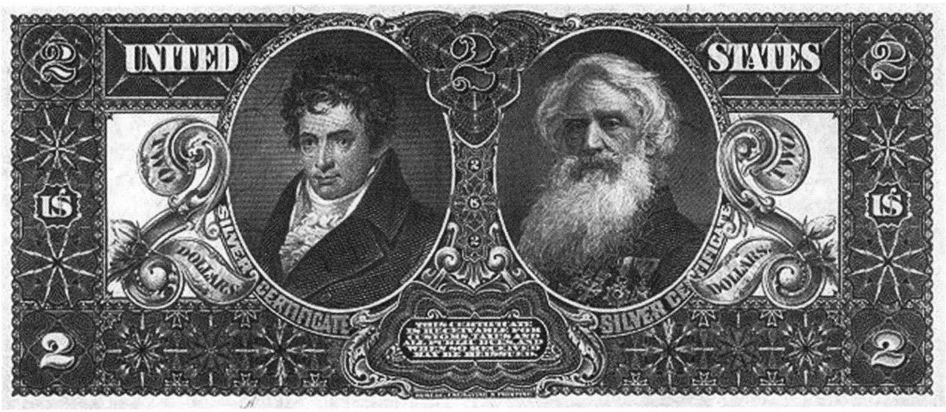


1896年美国发行的2美元纸币（左为罗伯特·富尔顿，右为塞缪尔·莫尔斯）

附：

## 斯蒂芬孙生平简历

1781 年　6 月 19 日，乔治·斯蒂芬孙诞生在英格兰纽卡斯尔市郊威拉姆村一个煤矿工人的家庭。

1789 年　8 岁，在农场当牧童。喜欢用泥巴捏模型玩。

1791 年　10 岁，开始在农场干农活。

1793 年　12 岁，在父亲工作的煤矿做零工。

1795 年　14 岁，在煤矿工作，当助理司炉。

1796 年　在煤矿当司炉。

1798 年　17 岁，在新伯恩煤矿升任为蒸汽机操作工。

1799 年　18 岁，开始在校夜上学，学习文化知识。

1800 年　19 岁，在黑卡勒顿矿区当上矿井绞盘机的制动手。

1802 年　21 岁，与弗朗西斯·亨德森（范妮）结婚。

1803 年　10 月，儿子罗伯特出生。

1804 年　斯蒂芬孙被派往基林沃恩矿井当制动手。

英国发明家特里维西克造出第一辆蒸汽机车，并在南威尔士彭尼达伦煤矿的马车轨道上成功地进行了试车。

1805 年　范妮病逝。斯蒂芬孙前往苏格兰蒙特罗斯矿区，担任瓦特蒸汽动力机的操作手。几个月后又回到基林沃恩，重新被聘用为制动手。

1812 年　斯蒂芬孙被任命为“大联盟”煤炭集团的煤矿动力机械师。

1814 年　33 岁，制造出第一辆实用蒸汽机车，命名为“布鲁海尔号”。

1815 年　斯蒂芬孙为改进的蒸汽机车申请了专利。

12 月，在纽卡斯尔文理学会上宣布发明了安全灯。后与戴维发生了关于安全灯发明权之争。

1817 年　纽卡斯尔议会举行了公众评判会，判定斯蒂芬孙与戴维共享发明安全灯的荣誉。

1819 年　在纽卡斯尔附近的黑顿矿区铺设了第一条全新的铁轨路。

1820 年　39 岁，斯蒂芬孙第二次结婚，新娘是伊丽莎白·欣德马什。

1821 年　4 月，英国议会通过了修建斯托克顿—达灵顿铁路的议案。

7 月，斯蒂芬孙被委任为斯托克顿—达灵顿铁路公司的工程师，负责勘测、修建这条铁路。

1824 年　43 岁，受聘担任修建利物浦—曼彻斯特铁路的总工程师。

1825 年　9 月 27 日，斯托克顿—达灵顿铁路正式通车，轰动一时。

1829 年　10 月 8 日，在雷恩希尔举行的蒸汽机车比赛中，斯蒂芬孙父子制造的“火箭号”一举夺冠。

1830 年　9 月 15 日，利物浦—曼彻斯特铁路正式通车，轰动全国。

1833 年　52 岁，受聘为伯明翰至利物浦—曼彻斯特铁路连接线的工程师。儿子罗伯特被任命为伦敦—伯明翰铁路的总工程师。

1835 年　54 岁，辞去伯明翰至利物浦—曼彻斯特铁路连接线的工程师，由得意弟子洛克任总工程师。

斯蒂芬孙父子接受比利时国王的邀请，前往访问，被奉为上宾。

1836 年　55 岁，父子二人在伦敦公爵街设立了办事处，承接铁路工程的设计和修建业务。

1837 年　56 岁，斯蒂芬孙萌生了退休之意。

1838 年　57 岁，迁居位于德比郡的塔普顿庄园，安度晚年。

1845 年　64 岁，伊丽莎白·欣德马什去世。

1846 年　伯明翰成立了机械工程师协会，斯蒂芬逊被选为第一任协会会长。

三度结婚，新娘是管家埃伦小姐。

1848 年　8 月 12 日，病逝于塔普顿庄园，享年 67 岁。

## 富尔顿生平简历

1765 年　11 月 14 日，罗伯特·富尔顿出生于美国宾夕法尼亚州兰卡斯特郡一个贫苦的农民家庭。

1774 年　9 岁上小学，喜欢美术和制作手工。

1779 年　14 岁，富尔顿辍学，到一家首饰作坊当学徒。

1782 年　17 岁，离开家乡，只身到费城学习绘画。

1785 年　结识了富兰克林。经富兰克林推荐，赴英国学画，投在大画家本杰明·韦斯特门下。

1786 年　瓦特 50 岁生日时，20 岁的富尔顿被请去给瓦特画肖像。在瓦特的鼓励下，富尔顿放弃了绘画，决定当一名工程师。

1794 年　富尔顿发明了大理石锯割机和麻绳搓编机。

1796 年　富尔顿出版了《论运河航行的改进》，积极主张用蒸汽机取代马匹作为牵引船只的动力。

31 岁，离开英国，赴法国发展。着手设计潜艇。

1800 年　将潜艇设计呈献给法国内阁，获得了拿破仑的支持。

5 月，建成“鹦鹉螺号”潜艇，下水试航。后因效果不佳，拿破仑放弃了支持。

富尔顿赴英国，把潜艇发明呈献给英国首相威廉·皮特。

1802 年　“鹦鹉螺号”潜艇水下鱼雷发射实验获得成功。但因皮特去世，富尔顿的潜艇实验在英国失去了支持。

结识了美国驻法公使罗伯特·利文斯顿，富尔顿在他的支持下开始研制蒸汽轮船。

1803 年　富尔顿设计制造了第一艘蒸汽轮船，在塞纳河上试航，不幸当晚被风暴所毁。

8 月，富尔顿在塞纳河上再次进行蒸汽轮船实验，并获得初步成功。

1805 年　富尔顿回到美国，全身心投入到蒸汽轮船的研究中。

1806 年　12 月，瓦特为富尔顿提供了一台高效率蒸汽机。

1807 年　8 月 17 日，“克莱蒙特号”在纽约哈得孙河下水试航，取得成功。蒸汽轮船获得美国专利。

1808 年　“克莱蒙特号”正式投入商业运营，往返于纽约与奥尔巴尼之间，获得丰厚的收益。

1809 年　富尔顿建造了第二艘、第三艘蒸汽轮船。他一生共建造了 17 艘蒸汽轮船。

1810 年　创办轮船公司，开创了轮船制造业。

1812 年　英国人购买了富尔顿的轮船专利。

富尔顿为美国海军设计制造了世界上第一艘蒸汽机军舰“富尔顿 1 号”。

1815 年　年初，在美国国会敦请下富尔顿完成了快艇的设计。

2 月 24 日，富尔顿去世，终年 50 岁。

1819 年　美国的“萨凡纳号”蒸汽帆船成功地横渡大西洋。

1838 年　蒸汽轮船“天狼星号”和“大西方号”横渡大西洋成功。

1839 年　英国工程师发明了螺旋桨。

1845 年　采用螺旋桨推进的首艘英国邮轮“大不列颠号”下水。

1866 年　蒸汽巨轮“大东方号”成功地铺设了永久性的大西洋海底电缆。